Ursula Nuber

Nur Katzen haben sieben Leben

HERDER spektrum

Band 5788

Das Buch

Leben. Wann – wenn nicht jetzt! Denn wir haben nur ein Leben, das zu leben ist. Es geht darum, es möglichst gut zu gestalten, auch in Sorgen- und Krisenzeiten. „Es hängt von der inneren Haltung ab, ob man sich vom Strom der Ereignisse mitreißen lässt oder ob unser Lebensboot sicher und gelassen auf den Wellen tanzt." (Ursula Nuber). Dazu gehört auch, sich intensiver um Körper und Seele zu kümmern. Die erfahrene Psychologin informiert über Erkenntnisse der neuesten Forschung und gibt konkrete Anregungen und Tipps. Damit am Ende nicht die Frage steht: „Und das soll alles gewesen sein?"

Der Autor

Ursula Nuber, stellv. Chefredakteurin von „Psychologie heute", Diplom Psychologin, Paarberaterin und Coach in eigener Praxis. Zahlreiche erfolgreiche Veröffentlichungen.

Ursula Nuber

Nur Katzen haben sieben Leben

Du lebst nur einmal. Mach was draus!

HERDER

FREIBURG · BASEL · WIEN

Gedruckt auf umweltfreundlichem,
chlorfrei gebleichtem Papier

2. Auflage

www.herder.de
Herstellung: fgb · freiburger graphische betriebe 2008
www.fgb.de
Umschlaggestaltung und Konzeption:
R·M·E München / Roland Eschlbeck, Liana Tuchel
Umschlagfoto: © Getty Images
Autorenfoto: © Gudrun Holde Ortner
ISBN 978-3-451-05788-5

Inhalt

„Das Leben, sei es auch lang,
wird immer kurz sein. Zu kurz,
um ihm etwas hinzuzufügen."
Wislawa Szymborska

I

Tag für Tag, Woche für Woche, Monat für Monat, Jahr für Jahr

Der Wecker klingelt. Du wachst auf. Wie war die Nacht? Unruhig. Wieder nicht genug geschlafen. Einmal nur möchtest du den Tag putzmunter und voller Tatendrang begrüßen können! Aber klagen hilft nicht, du musst raus und dich den Dingen stellen. Schon beginnen die Gedanken zu kreisen: Was steht heute an? Oh je, für zehn Uhr ist eine Konferenz angesetzt, und du musst das neue Projekt präsentieren. Wenn das mal gut geht! Der Kühlschrank muss auf jeden Fall heute aufgefüllt werden, der Autotank ist auch leer, gestern Abend stand die Benzinanzeige schon auf „Reserve". Ganz abgesehen davon, dass das Auto innen aussieht wie eine Müllhalde. Da müsste dringend mal aufgeräumt und kräftig durchgesaugt werden. Nicht vergessen: Nach der Arbeit hast du einen Zahnarzttermin! Du überlegst, ob du den nicht lieber absagst? Aber nein, du hast ihn ja schon einmal verschoben, noch einmal solltest du das nicht tun. Dein Blick fällt auf den unordentlichen Schreibtisch – da liegen sie, die unbezahlten Rechnungen und unbeantworteten Briefe. Wann willst du das alles endlich mal erledigen?

Während du gedanklich den Tagesablauf durchgehst, setzt du den Kaffee auf (seit du einmal vergessen hast, die Kanne unter den Filter zu stellen, prüfst du jetzt jedes Mal, ob alles in Ordnung ist), deckst den Frühstückstisch, weckst die anderen, gibst Instruktionen oder bekommst welche („Kannst du heute bei der Reinigung vorbei fahren und die Kleider abholen", „Vergiss nicht ein Geburtstagsgeschenk für X zu besorgen", „Heute Abend sind wir eingeladen"). Wenn du alleine lebst, redest du mit dir selbst, während du schnell deinen Kaffee trinkst. Den Gang zur Waage sparst du dir, denn du willst deinen Stress nicht schon am frühen Morgen erhöhen.

Nach etwa einer Stunde bist du bereit für den Tag. Auf der Fahrt zur Arbeit die üblichen grauen Gesichter, kein freundliches Wort, jeder ist in seine Gedanken vertieft und vermeidet den Blickkontakt mit anderen. Wenn du mit dem Auto zur Arbeit fährst, erlebst du den üblichen Stau, die übliche Aggression der anderen und bist wie üblich leicht gefrustet. Ob im Auto, in der U-Bahn oder im Zug: Deine Gedanken schweifen ab: Hoffentlich blamierst du dich heute nicht auf der Konferenz! Was willst du heute essen? Du hast dir doch vorgenommen, abzunehmen. Oder du denkst an das nächste Urlaubsziel: die Malediven, das wäre ein Traum! Oder vielleicht doch lieber in die Berge? Auf jeden Fall willst du dich erholen. Alles kannst du brauchen, nur keinen Stress.

Die Stunden von „nine to five" verbringst du wie immer. Selten, dass etwas passiert, was dich elektrisiert, freut, ermutigt, herausfordert. Stattdessen der übliche Ärger, Routine und Stress. Du versuchst, möglichst viele Dinge gleichzeitig zu erledigen, oftmals weißt du nicht mehr, wo dir der Kopf steht. Am Ende deines Arbeitstages fühlst du dich ausgelaugt. Doch ans Ausruhen kannst du jetzt noch nicht denken, denn du erinnerst dich an den leeren Kühlschrank, die Rechnungen, die bezahlt werden müssen und das

Geschenk, das gekauft werden muss. Ach ja, der Zahnarzttermin! Dann wird es wohl heute nichts mit dem Fitnessstudio. Jeder zweite Deutsche ist zu dick, hast du gelesen, ob du da auch bald dazugehören wirst?

Dann, endlich zu Hause, warten die häuslichen Pflichten. Während du das Abendessen zubereitest, machst du dir Sorgen, ob deine Präsentation in der Firma wirklich gut angekommen ist, ob das Geld reicht für die Autoreparatur, warum deine Freundin sich so lange nicht gemeldet hat und wie du den Besuch der Eltern abwimmeln kannst. Nur mit halbem Ohr hörst du dir die Erlebnisse deines Partners oder deiner Kinder an. „Mmmh", sagst du, „ach ja" oder „wirklich?", aber wenn dich die anderen fragen würden, was sie dir gerade erzählt haben – du wüsstest es nicht.

Später, vor dem Fernseher, gönnst du dir endlich etwas Gutes. Ein Glas Wein oder ein Fläschchen Bier, was zum Knabbern und dann die Beine hochlegen … Als du nach einer Stunde wieder aufwachst, ist der Abend gelaufen.

Das war wieder ein Tag, denkst du, während du dich für die Nacht zurecht machst. Gut, dass er endlich vorüber ist. Und du legst dich schlafen in der Hoffnung, dass der nächste Tag besser werden wird.

Der Wecker klingelt. Du wachst auf. …

Jeder Tag verläuft wie der andere. Aufgaben müssen erledigt, Pflichten erfüllt werden. Die Organisation des Lebens schluckt so viel Zeit und Energie, dass fürs eigentliche Leben gar keine Zeit mehr bleibt. Sieht so das Leben aus? Nicht immer, aber doch immer öfter. Durchbrochen wird die Routine nur von der Hoffnung auf eine Auszeit – das Wochenende, den Urlaub oder andere seltene Highlights. Da mal ein Kino- oder Konzertbesuch, dort mal ein romantisches Treffen zu zweit oder ein genießerischer Abend im Lokal. Danach nimmt man sich vor: „Das sollte ich viel öfter tun!" – und tut es dann doch nicht. Wie man auch andere

Wünsche und Sehnsüchte verkümmern lässt. Zu wenig Zeit, zu wenig Energie, zu wenig Ideen, wie man aus der täglichen Routine ausbrechen könnte.

So vergehen die Tage. So vergehen die Wochen. So vergehen die Monate. So vergehen die Jahre. So vergeht das Leben, das einzige, das man hat.

„Von der Geburt bis zum Tod, von einem Montag zum anderen, von morgens bis abends ist alles, was man tut, vorgefertigte Routine. Wie sollte ein Mensch, der in diesem Routinenetz gefangen ist, nicht vergessen, daß er ein Mensch, ein einzigartiges Individuum ist, dem nur diese einzige Chance gegeben ist, dieses Leben mit seinen Hoffnungen und Enttäuschungen, mit seinem Kummer und seiner Angst, mit seiner Sehnsucht nach Liebe und seiner Furcht vor dem Nichts und dem Abgetrenntsein zu leben?", fragt Erich Fromm. Betäubt die Alltagsroutine wirklich so sehr, dass man dabei völlig vergisst, wie wertvoll das Leben ist? Die Gefahr besteht. Vor lauter Schaffen, Tun und Planen bleibt kaum Zeit, um innezuhalten und sich wichtige Fragen zu stellen: Wozu das Ganze? Und: Will ich das alles wirklich so? Habe ich mir das Leben so vorgestellt?

Es scheint, als hätte man sein Leben auf ein Gleis gesetzt und nun läuft es automatisch auf den vorgegebenen Schienen. Bremsen oder gar aussteigen? Unvorstellbar. Abrupte Kurswechsel oder ein Totalausstieg sind in der Tat nur selten eine gute Lösung. Wie aber kann man dann mehr Leben ins Leben bringen? Was kann man tun, damit man nicht mehr oder weniger automatisch Tag für Tag abspult? Wie kann man verhindern, dass man, obwohl sehr lebendig, leblos seine Zeit verbringt? Natürlich: Indem man mehr aus seinem Leben macht. Nur: Wie geht das?

Das Vorbild der Katzen

Nur Katzen haben sieben Leben. So lautet der Titel dieses Buches. Und so lautet auch ein Mythos, der Katzen umgibt. Diesen eigenwilligen Wesen auf Samtpfoten wird nachgesagt, sie hätten mehr als nur ein Leben. Mindestens sieben, sagen die einen, von gar neun sprechen die anderen. Doch leider – man kommt nicht um diese ernüchternde Richtigstellung herum – haben auch Katzen nur ein Leben. Etwa 18 Jahre alt können sie werden, dann schlägt auch für sie die Stunde. Woher kommt dann aber der Glaube an ihr Multi-Leben? Vielleicht sind es ihre Zähigkeit, ihre Ausdauer und ihre Fähigkeit, auch größere „Schicksalsschläge" zu überstehen (wie vom Balkon fallen, unter ein Auto geraten, vom Hund gebissen werden), die den Haustigern den Ruf eingebracht haben, fast unsterblich zu sein. Und ganz sicher tragen so phantastische Nachrichten wie diese dazu bei, die *Focus Online* im April 2004 verbreitete:

„Ein Kater namens Billy ist in einem Flugzeug aus seinem Käfig verschwunden und wurde erst fast drei Wochen später auf einem Flughafen in den USA lebend entdeckt. Eigentlich sollte die Kreatur schon vor knapp drei Wochen aus den Staaten nach Deutschland fliegen – wie Herrchen Günther Kölbl und Frauchen Ingrid. Doch die Eheleute kamen ohne Kater in Kirchdorf bei München an. Jetzt wurde der Ausreißer entdeckt, auf einem Flughafen im US-Bundesstaat New Hampshire. Billy verpasste in Philadelphia eine Anschlussmaschine, weil er im Flugzeug ausgerissen und nicht mehr aufzufinden war. Die Fluggesellschaft geht davon aus, dass Billy 19 Tage lang im Laderaum der Maschine kreuz und quer durch die USA flog. Dann wurden Mechaniker in Manchester (New Hampshire) durch lautes Miauen auf Billy aufmerksam."

Mindestens ebenso eindrucksvoll ist die Geschichte, die dem Kätzchen Hoover zugestoßen ist. Die kleine Mieze erhielt aufgrund ihres Schicksals diesen Namen von den Medien verliehen. Hoover wurde nämlich im südaustralischen Melbourne in eine Kehrmaschine gesaugt. Eine Stunde musste die Katze in dem Apparat ausharren, bis ein Arbeiter das Tier entdeckte und es befreite. Weil Hoover bereits wegen Sauerstoffmangels das Bewusstsein verloren hatte, entschied sich der Retter für eine Mund-zu-Schnauze-Beatmung. Hoover kam wieder zu sich, atmete tief durch und konnte schon bald die Tierklinik, in die sie ihr Retter gebracht hatte, verlassen.

Dieser enormen Widerstandsfähigkeit der Katzen gilt unsere Bewunderung. Ihren starken Lebenswillen und ihr bewundernswertes Durchhaltevermögen hätten wir auch gerne. Daher rührt wohl der Glaube, diese Tiere hätten mehr als ein Leben. Unbestritten ist: Katzen sind Lebenskünstler. Diese Erkenntnis kann jeder Zweibeiner bestätigen, der sein Leben mit einem dieser geheimnisvollen Wesen teilt. Auch schriftstellernde Katzenliebhaber berichten immer wieder euphorisch von der Weisheit ihres schnurrenden Haustiers. „Der Hund lernt vom Menschen, wie man sagt. Der Mensch, wenn er Verstand hat, lernt von der Katze“, meint zum Beispiel die Schauspielerin Eva Demski. Auch Erich Kästner sieht in der Katze ein Vorbild für den Menschen, wenn er schreibt: „Wir könnten von den Katzen manches lernen. Wenn wir wollten.“ Und Hyppolyte Taine meinte gar: „Ich habe die Philosophen und die Katzen studiert, doch die Weisheit der Katzen ist letztlich um ein weites größer.“

Kann man von den Katzen lernen, wie das Leben geht? Zeigen sie uns, wie man aus dem einzigen ein einzigartiges Leben machen kann? Das wohl nicht. Katzen sind Katzen und keine Lebensberater. Aber wer sie wohlwollend und aufmerksam beobachtet, bekommt eine Ahnung, worin die viel beschworene Weisheit und Lebensklugheit der Katzen liegen könnte.

■ Zum Beispiel besitzen sie die große Gabe der *tiefen Entspannung*: „Sie springt aufs Sofa, legt den Kopf zwischen die Pfoten und schließt die Augen. Sie schläft nicht. Sie schnurrt leise. Sie ruht. Sie ruht in sich“, schreibt Erich Kästner. Und erwähnt noch eine weitere bewundernswerte Fähigkeit der Katzen, die

- *Freude am Spiel:* „Wenn sie, im Luftsprung, Kohlweißlinge erlegt, wenn sie Mäuse abliefert oder gar, wenn sie sich, abends im Wohnzimmer, scheinbar längst vergessener Spiele aus ihrer Kinderzeit erinnert und sie uns und den drei jüngeren und staunenden Katzen vorspielt, dann ist sie nicht die älteste, sondern die jüngste der vier.“

- *Geduld* hält Christian Morgenstern für eine besondere Stärke dieser Tiere: „Katzen, diese Wesen, haben die unmenschliche Geduld der Erde; das ist ein Jahr, was für den Menschen nur eine Sekunde.“

- *Genießen*, das hält Charles Dudley Warner für die Stärke der Katzen. Sein Kater zum Beispiel „hegt, wie für Katzen typisch, eine echte Liebe für die Schönheiten der Natur, lässt sich dort nieder, wo er alles gut sehen kann, und pflegt die Szenerie dann stundenlang zu betrachten.“

- *Ausgeglichenheit* könnten wir von den Katzen lernen, meint der Pädagoge Hartmut von Hentig: „Wir scheitern so oft, weil wir dies können: Zuflucht nehmen zu Wörtern, uns darstellen, wie wir sein möchten und nicht sind, mit uns und dem anderen hadern. Der Kater haderte nie.“

- Und schließlich beherrschen Katzen meisterhaft die *Kunst des Nichtstuns*, meint die Schriftstellerin Elke Heidenreich und reimt angesichts der vierbeinigen Müßiggänger: „Man könnte ja mal etwas tun. Doch schöner ist es auszuruhn. Man kann sich ja mal bisschen recken. Man kann auch mal die Pfote lecken. Doch besser ist es, nichts zu tun. Und sich vom Nichtstun auszuruhn.“

Katzen genießen den Augenblick. Sie machen sich keine Gedanken um das Gestern und schon gar nicht um die Zukunft. Es scheint, als sei ihr Streben einzig darauf ausgerichtet, das Leben, so wie es ist, in vollen Zügen zu genießen. Ganz so, als wüssten sie genau, dass auch sie keine sieben Leben besitzen, sondern nur dieses eine. Sie machen das Beste draus, gleichgültig, ob sie ein verwöhnter Stubentiger sind, eine griechische Straßenkatze oder eine wilde Waldbewohnerin.

Wie dieses Buch zeigen wird, sind es die Achtsamkeit und Wertschätzung dem Leben gegenüber, die Menschen von den Katzen lernen können. Denn anders als die Samtpfoten, haben sie für die Gegenwart meist nicht ausreichend Zeit. Sie können es sich nicht leisten, so meinen sie jedenfalls, einfach nichts zu tun, oder stundenlang entspannt aus dem Fenster zu schauen. Neckische Spielereien sind für sie nur Zeitverschwendung und ihre Gedanken gelten mehr der Zukunft oder wandern sorgenvoll in die Vergangenheit. Während eine Katze nur dann Stress empfindet, wenn sie aus dem Schlaf aufgeschreckt wird oder mit einem Hund kämpfen muss, stehen Menschen auch ohne äußere Gefahr ständig unter Stress. Es gelingt ihnen kaum mehr, sich zu beruhigen. Angespannt und alles andere als gelassen gehen sie durchs Leben. Menschen, die wie Katzen ganz bewusst im Hier und Jetzt leben und das pralle Leben genießen, sind Ausnahmeerscheinungen.

Aber vielleicht ändert sich das. Möglicherweise „bekehren" die in diesem Buch versammelten Gedanken den einen oder anderen dazu, es den Katzen nachzumachen und dieses eine Leben so gut zu gestalten, wie es in seiner Macht steht. Damit Tag für Tag, Woche für Woche, Monat für Monat, Jahr für Jahr nicht mehr einfach so vergehen, sondern mit Leben gefüllt sind.

II
Wie geht's? – Es geht. Muss ja!

In dem Ort *Pleasantville* ist die Welt in Ordnung. Die Menschen leben in völliger Harmonie miteinander. Immer ein Lächeln auf den Lippen, verbringen sie ihre Tage in routiniertem Einerlei. Jeder Morgen ist wie der Morgen davor, jeder Abend wie sein Vorläufer. Es gibt keine Scheidungen, keine Gewalt, keine Krankheiten, keinen Regen, keinen Sex und somit natürlich auch keine Untreue. Niemals kommt es zu Streit oder hässlichen Szenen. Die Kinder sind wohl geraten und kämen nie auf die Idee, ihren Eltern zu widersprechen. Selbstverständlich ist auch die Rollenverteilung der Geschlechter eindeutig geregelt: Der Mann geht zur Arbeit, die Frau schaltet und waltet in ihrer blitzblanken, blitzsauberen Küche.

Kein lautes Wort, kein Türenknallen, keine Meinungsverschiedenheit – *Pleasantville* ist ein friedlicher Ort. Es gibt nichts Ausgefallenes, sieht man mal davon ab, dass alles – die Menschen, die Gegenstände – farblos ist. Kein Rot, kein Gelb, kein Grün, kein Blau, noch nicht einmal den Schimmer eines zarten Rosé – in *Pleasantville* verläuft das Leben in Schwarzweiß.

Der harmonische, aber ereignislose Ort *Pleasantville* spielt die Hauptrolle in Gary Ross' gleichnamigem Film, der 1998 in die Kinos kam. *Pleasantville* ist – im Film – zugleich der Titel einer Fernsehserie, deren Handlung in den 50er-Jahren spielt. David, ein moderner Teenager, ist der größte Fan dieser TV-Soap. Er hat keine Folge ausgelassen, kennt alle Protagonisten, weiß jedes Ereignis aus den zahlreichen Folgen. Eines Tages taucht ein mysteriöser Fernsehtechniker auf, drückt David und seiner Schwester Jennifer eine seltsame Fernbedienung in die Hand und ehe sie sich versehen, finden sich die beiden Geschwister in der schwarzweißen Welt der Bewohner von Pleasantville wieder. Nach anfänglicher Verzweiflung versuchen sie sich mit dem Unabwendbaren zu arrangieren und spielen die ihnen zugewiesenen Rollen als Bud und Sue.

Doch lange geht das nicht gut. Die ewige Harmonie, das tägliche positive Einerlei – den Jugendlichen aus der Jetztzeit fehlt das Bunte, Farbige im Leben. Sie vermissen die Spannung, das Überraschende ihres bisherigen Alltags, und sie beginnen den Menschen in *Pleasantville* von „draußen" zu erzählen: von der Liebe, von den Wonnen der Sexualität und den Freuden, die ein gutes Buch bereiten kann.

Langsam springt der Funke über. Einige Bewohner des schwarzweißen Ortes werden neugierig. Betty, die Fernsehmutter von Bud und Sue, bislang eine treusorgende Gattin und Mutter, erlebt in der Badewanne ihren ersten Orgasmus und setzt dadurch einen Busch in Brand (was die Feuerwehr sehr in Verlegenheit bringt, denn Feuer gab es bislang nicht in dem perfekten Ort). Jugendliche lassen sich von den Zeitreisenden den Inhalt von Büchern erzählen, ein Drugstorebesitzer fängt an zu malen und wagt es endlich, Betty, die er schon lange liebt, zu umwerben.

Nach und nach kommt Farbe ins Leben der Fernsehgemeinde. Im wahrsten Sinn des Wortes: Diejenigen, die auf Entdeckungsreise gingen, die ihrer Neugierde – und ihren Gefühlen – nachgaben, wandeln fortan farbig durch die Straßen. Sehr zum Missfallen der Schwarzweißen. Die Gemeinde von *Pleasantville* ist nicht länger harmonisch, sie zerfällt in zwei Lager: Da gibt es die Bunten, die zunächst noch in der Minderheit sind, und da gibt es die schwarzweiße Mehrheit, die dem Treiben der Bunten mit großer Sorge um die alten Werte gegenübersteht. Doch die Farbigen proben den Aufstand. Sie wollen das Gefühl von Regen auf ihrer Haut nicht mehr missen. Sie wollen sich lieben, wollen fühlen, spüren, schmecken, Erfahrungen machen und Wissen erwerben. Betty, die treusorgende Ehefrau und Mutter, hat es satt, ihrer Familie zu dienen und verlässt ihr ach so sauberes Heim, um dem Geliebten, dem bis dahin braven und angepassten Drugstore-Inhaber, der nun sein Maltalent endlich auslebt, Modell zu stehen. Nackt!

Den Bunten ist bewusst, dass sie durch ihr herausforderndes Benehmen all ihre bisherige Sicherheit verlieren. Doch nun, da sie wissen, wie schön und aufregend das Leben sein kann, können sie nicht mehr zurück: Sie wollen mit allen Sinnen leben. Natürlich sind ihre ersten Schritte in die farbige Welt noch unsicher und zögerlich. Aber sie haben davor nicht so viel Angst wie die Schwarzweißen, die sich Veränderung, und sei sie noch so klein, nicht vorstellen können und es wohl auch nicht wollen.

Wie bunt ist das Leben?

Regisseur Gary Ross nahm mit seinem Film die lustfeindlichen 50er-Jahre aufs Korn. Doch der Streifen hat auch eine Botschaft für uns, die wir in dem grellbunten, lauten, abwechslungsreichen, überhaupt nicht prüden, sondern vor Angeboten sprühenden 21. Jahrhundert leben. Unser Leben ist von den Zuständen in *Pleasantville* gar nicht so weit entfernt. Zwar ist es von außen gesehen farbig und lebendig. Doch wie bunt ist unser inneres Erleben? Wie viel Farbe gibt es in unserem ganz persönlichen Alltag, in unseren Beziehungen? Leben wir mit allen Sinnen, intensiv und bewusst? Können wir die Möglichkeiten schätzen, die wir haben? Erleben wir Glücksgefühle ebenso wie tiefe Trauer? Lassen wir zu, dass andere Menschen uns berühren, uns nahe kommen? Sehen wir die Schönheit des ganz Normalen? Spüren wir Vergnügen, wenn der Regen ans Fenster trommelt, lassen wir uns von Musik zu Tränen rühren, vergessen wir die Zeit bei einem guten Buch und freuen wir uns, wenn ein Fremder uns ein Lächeln schenkt? Oder konsumieren wir all das, wie so vieles in unserem Leben?

Wie gehen wir um mit diesem Leben, das kein Probelauf ist und für das es keine Wiederholung geben wird? Hat das Leben für uns einen Sinn? Ist nicht auch unser Alltag wie der in *Pleasantville* allzu oft in Routine erstarrt? Sind nicht auch wir – wie die Bewohner der eintönigen Fernsehgemeinde – eher routinierte Darsteller von Rollen und nur selten hellwache Akteure? Leben nicht auch wir häufig nach einem vorgeschriebenen Drehbuch und vermeiden es, uns auf den Regiesessel zu setzen und nach unseren eigenen Vorstellungen zu leben? Sind nicht auch wir gefangen in einer endlosen Serie des Immergleichen?

Es gibt Indizien dafür, dass dem so ist.

„Wie geht's?" Auf diese routinemäßig gestellte Frage gibt es verschiedene Antwortmöglichkeiten. Man kann mit einem schlichten „Gut" reagieren, man kann aber auch sein Herz ausschütten und dem anderen die aktuellen Sorgen anvertrauen. Oft aber tut man weder das eine noch das andere. Stattdessen antwortet man mit einem vagen „Danke, es geht, muss ja!" oder auch „Ich kann nicht klagen!" Der Fragende gibt sich mit solchen Antworten natürlich zufrieden. Er weiß oft nur zu gut, was der andere mit diesen Floskeln zum Ausdruck bringen will. Dahinter steckt eine Botschaft, die tief blicken lässt. Wer so antwortet, sagt eigentlich: „So gut geht es mir nicht, dass ich uneingeschränkt positiv auf die Frage reagieren könnte. Aber ich will auch nicht klagen, denn wirklich schlecht geht es mir auch nicht. Man wurstelt sich halt so durchs Leben, was bleibt einem denn schon anderes übrig?"

Viele Menschen führen ein „So lala-Leben". Das heißt: Es geht ihnen nicht wirklich schlecht, aber gut geht es ihnen auch nicht. Das tägliche Einerlei ist nicht so belastend, dass sie darunter zusammenbrechen würden. Sie funktionieren ganz gut, und „eigentlich" könnten sie auch zufrieden sein. Sie sind gesund, leben in einigermaßen gesicherten Verhältnissen, fahren regelmäßig in Urlaub, die Kinder machen nur die üblichen Sorgen und die Partnerschaft ist so, wie Partnerschaften nach längerem Zusammenleben eben sind. Doch wirklich einverstanden mit ihrem Leben sind sie nicht. Es ist, als ob die Farbe daraus gewichen und das Leben zu einem Schwarzweißfilm geworden wäre.

Gilt das auch für Ihr Leben? Ertappen Sie sich auch dabei, dass Sie auf die Frage „Wie geht's?" mit „Es geht, muss schon." antworten? Ein kleiner Test kann Aufschluss darüber gehen, wie es um Sie steht.

Überlegen Sie, wie sehr folgende Aussagen auf Sie zutreffen:
- Meine Lebensumstände könnten nicht besser sein
- Ich bin sehr zufrieden mit meinem Leben
- Alles in allem kann ich sagen: So habe ich mir mein Leben vorgestellt.
- Bis jetzt habe ich alles erreicht, was ich mir vorgenommen habe.
- Wenn ich mein Leben noch einmal leben könnte – ich würde nichts anders machen.

Bewerten Sie nun Ihre Reaktion mit Punkten, und zwar:
7 Punkte, wenn Sie *sehr stark zustimmen*
6 Punkte, wenn Sie *zustimmen*
5 Punkte, wenn Sie *etwas zustimmen*
4 Punkte, wenn Sie der Aussage *weder zustimmen, noch sie ablehnen*
3 Punkte, wenn Sie die Aussage *eher ablehnen*
2 Punkte, wenn Sie der Aussage *nicht zustimmen*
1 Punkt, wenn Sie der Aussage *überhaupt nicht zustimmen* können.

Nun zählen Sie Ihre Punktwerte zusammen.
Ein Punktwert von *30 bis 35 Punkten* ist ein Grund zum Feiern: Sie sind äußerst zufrieden mit Ihrem Leben, so zufrieden, wie es nur wenige Menschen sind.
25 bis 29 Punkte sind ebenfalls Anlass zur Freude: Auch Sie sind sehr zufrieden.

Wer *20 bis 24 Punkte* erreicht hat, der ist einigermaßen zufrieden mit seinem Leben, bei *15 bis 19 Punkten* beginnt sich eine deutliche Unzufriedenheit abzuzeichnen, die sich bei einem *Punktwert von 10 oder weniger* zu einer massiven Unzufriedenheit steigert.

Wie wissenschaftliche Studien mit diesem Kurztest zeigen, erreichen nur sehr wenige Menschen wirklich hohe Werte. Die meisten bewegen sich im mittleren Punktebereich. Anders ausgedrückt: Die Mehrheit ist nicht total unglücklich und unzufrieden mit ihrem Dasein, aber wirklich zufrieden ist sie auch nicht. Man kann wohl zu Recht schlussfolgern: Die Mehrheit gehört zu den „Es geht, muss schon"-Kandidaten.

So ist das Leben eben, denken viele und versuchen sich damit zu beruhigen, dass es auch schlimmer kommen könnte. Schließlich kann man doch nicht erwarten, dass das Leben ständig ein spannendes Abenteuer ist. Und ein immerwährendes Glück gibt es auch nicht. Das ist richtig. Natürlich sind Glückszustände selten und natürlich gehören Leid, Schmerz, Kummer und Probleme zum Leben eines jeden Menschen. Aber muss man sich deshalb mit einem lauwarmen Leben zufrieden geben? Muss man akzeptieren, dass das Mittelmaß das eigene Leben bestimmt? Darf man vom Leben nicht mehr erwarten? Wäre es vermessen, sich ein besseres, ein erfüllteres, ein gutes Leben – mit bewusst erfahrenen Höhen und Tiefen – zu wünschen und es anzustreben?

Warten auf was Besseres?

Früher glaubten die meisten Menschen (und manche, wenn auch immer weniger, tun dies heute noch), dass das Leben auf Erden nur ein Jammertal, bestenfalls ein Übergangsstadium ist, an dessen Ende eine bessere Welt auf sie wartet. Im Jenseits gibt es nur noch Glück und Erfüllung – vorausgesetzt natürlich, die Bürden und Prüfungen des Diesseits werden klaglos auf sich genommen. Die Menschen früherer Zeiten hatten oft keine großen Erwartungen an ihr Leben, denn sie verließen sich fest darauf, dass es erst in einem anderen Leben für sie besser werden würde.

Heute ist dieses Versprechen für die Mehrheit der Menschen – zumindest im westlichen Kulturkreis – keine Orientierungshilfe mehr. Heute wissen sie genau, dass sie nur dieses eine Leben haben, und dass es wohl keine weitere Chance geben wird. Der Psychoanalytiker Carl Gustav Jung hielt wenig davon, auf ein besseres Leben nach dem Tod zu hoffen. Er meinte zu dieser Frage: „Bewußterweise bin ich noch nicht dort gewesen. Wenn ich sterbe, werde ich sagen: ‚Jetzt werden wir sehen!' Momentan habe ich diese Gestalt, und ich sage: ‚Was gibt es hier? Tun wir alles, was wir *hier* tun können.'"

Tun wir alles, was wir *hier* tun können? Nutzen wir unsere Chance? Wissen wir wirklich, dass wir nur dieses eine Leben haben? Und vor allem: Handeln wir entsprechend diesem Wissen? Zweifel sind angebracht. Obwohl sie nicht an ein besseres Leben nach dem Tod glauben, verhalten sich viele Menschen so, als ob sie auf einer Theaterprobe wären. Sie tun so, als ob das Stück „Mein Leben" erst in irgendeiner fernen Zeit Premiere hätte, sie glauben, dass sie noch alle Zeit der Welt haben, ehe sie ihren Text beherrschen müssen. Sie merken nicht, dass sich der Zuschauerraum mit Publikum gefüllt hat, sie wollen nicht wahrhaben, dass sich der Vorhang schon gehoben und das Stück längst begonnen hat. Statt mit Leidenschaft und allen Sinnen ihre Lebensrolle zu spielen, schleppen sie unnötige Dinge auf die Bühne, werkeln am Bühnenbild herum, werfen sich in verschiedene Outfits, proben mit unterschiedlichen Partnern, liebäugeln mit einer anderen Rolle, machen sich Sorgen um die finanzielle Absicherung des Theaters, zweifeln an ihrem Können. Und ab und zu schmieden sie sogar Fluchtpläne: Vielleicht gibt es an einem anderen Theater ein besseres Engagement? Zu gerne würden sie ausbrechen, etwas anderes tun oder ganz einfach nur mal eine längere Pause machen. Sie hätten gerne viel mehr Zeit für sich selbst und klagen, dass ihnen der Bühnenalltag jeden Freiraum nimmt. Am liebsten würden sie das ganze

Stück radikal umschreiben und sich befreien von dem einen oder anderen Zwang. Die Unzufriedenheit ist groß. Doch sie handeln nicht. Zu vieles spricht „im Moment" dagegen. Aber irgendwann, das versprechen sie sich selbst, wird sich was ändern. Selbstberuhigungsformeln werden gemurmelt: „Das kann ich ja immer noch tun. Das läuft mir ja nicht weg. Wenn es noch schlimmer wird, dann ziehe ich die Reißleine." Die Möglichkeit, dass das Theater schließt, ehe sie das Stück „Mein Leben" aufgeführt haben, ziehen sie dabei nicht in Erwägung.

Die Schriftstellerin Anne Tyler schreibt in ihrem mit dem Pulitzerpreis gekrönten Werk *Atemübungen* über ihren Protagonisten Ira und seine Ehefrau Maggie: „Er liebte sie, aber er konnte es nicht ertragen, wie sie sich weigerte, ihr eigenes Leben ernst zu nehmen. Sie glaubte anscheinend, es sei eine Art von Probe-Leben, mit dem sie ruhig spielen durfte, so als würde sie noch eine zweite und eine dritte Chance bekommen, um es dann richtig zu machen."

So eine Maggie steckt wahrscheinlich in fast jedem Menschen. Man tändelt mit dem eigenen Leben herum, ganz so, als würde es niemals enden. Natürlich sagt einem der Verstand, dass es nur dieses eine Leben gibt, und dass es, wenn man Glück hat, etwa 80 Jahre und nicht ewig währen wird. Aber die Endlichkeit des eigenen Daseins wird verdrängt. Man tut so, als hätte man alle Zeit der Welt, seine Wünsche umzusetzen und das Leben zu leben, das man sich erträumt. Man glaubt, es sei „später" immer noch Zeit genug, zu lieben, Kinder in die Welt zu setzen, dem Hobby nachzugehen, Italienisch zu lernen, in eine Wohnung mit kleinem Garten zu ziehen, sich das so sehr gewünschte Haustier anzuschaffen, eine bessere Beziehung oder einen erfüllenderen Job zu finden. Später, wenn dies oder jenes erledigt ist, später, wenn man Zeit hat, wird man Farbe ins Leben bringen. Doch wann ist „später"?

Später, das ist für die meisten Menschen der Zeitpunkt, an dem das, was einen vom Leben abhält, sich erledigt hat. Später, das ist dann, wenn man sich nicht mehr sorgen muss um Kontostand und Karriere, um Ansehen und Aussehen, um Status und Sicherheit, um Auto und Aktien, um Kind und Kegel, um Zuneigung und Zukunft. Später, das ist dann, wenn man pensioniert ist. Später, das ist dann, wenn einem das Gerede der Leute gleichgültig ist, wenn man keine Rücksicht mehr nehmen muss auf die Meinung und die Bedürfnisse anderer. Später, das ist dann, wenn man endlich so sein darf, wie man es sich schon immer gewünscht hat. Später, das ist dann, wenn man endlich weiß, was das Beste für einen ist.

Folgende Geschichte verdanke ich der Theologin Dorothee Sölle: Ein armer Schäfer wird eines Tages von einem kleinen grauen Männchen dazu verführt, ihm zu einem geheimnisvollen, weit entfernten Berg zu folgen. Als sie dort ankommen, öffnet sich im Berg eine große Tür. Der arme Schäfer geht neugierig hinein und findet die herrlichsten Schätze. Er kann dem Glanz des Goldes nicht widerstehen und beginnt, sich hektisch die Taschen vollzustopfen. Da plötzlich hört er eine donnernde Stimme: „Vergiss das Beste nicht!" Er blickt sich suchend um: Wo ist das Beste? Was meint die Stimme? Doch noch eher er länger darüber nachdenken kann, findet er sich draußen wieder und der Berg schließt sich krachend hinter ihm. ‚Na, wenigstens habe ich meine Schätze', denkt der Schäfer und greift in seine Taschen. Doch da ist nichts als Asche.

Dorothee Sölle schreibt in ihren Erinnerungen, sie hätte „nie verstanden, was ‚das Beste' eigentlich sein soll. Vielleicht der Blumenbusch am Bergeingang? Vielleicht eine unscheinbare alte Lampe wie die von Aladin? Vielleicht der Schlüssel zum Wiederkommen? Vielleicht nur der Wunsch, wiederzukommen und nicht zu vergessen?" Eine eindeutige Antwort hat sie nicht gefunden und wird wohl auch niemand finden. Denn der arme Schäfer muss sich selbst die Frage beantworten, was denn das Beste für sein Leben sein könnte. Und wie er muss auch jeder Mensch selbst herausfinden, was für ihn das Beste ist – jenseits von Erfolg und Wohlstand, von Anerkennung und Status. Daneben aber gibt es durchaus ein „Bestes", das für jedes Leben gilt, wie das letzte Kapitel dieses Buches zeigen wird.

War das wirklich alles?

Was macht das Leben aus? Die Antwort darauf fällt besonders heute sehr schwer. Der Wertewandel und der Bedeutungsverlust traditioneller Institutionen haben ein Orientierungsvakuum hinterlassen, das nun jeder ganz alleine mit Sinn füllen muss. An Wegweisern fehlt es dabei nicht. Nur: Wie kann man wissen, ob der gewiesene Weg auch wirklich der richtige ist? Aus Angst, die falsche Richtung einzuschlagen und das „richtige" Leben zu verpassen, gehen die meisten Menschen viel zu vielen Richtungshinweisen nach – und verirren sich dabei immer mehr. Wer bin ich? Was will ich? Wozu ist mein Leben gut? Immer schwieriger wird es, auf diese existentiellen Fragen eine klare, befriedigende Antwort zu finden. Doch wer resigniert aufgibt, der gibt auch in gewisser Weise sein Leben auf. Denn wer niemals herausfindet, was das Beste für ihn ist, wird am Ende das Gefühl haben, sein Leben versäumt zu haben. Und das ist wohl das Schlimmste, das passieren kann.

Die Zeit auf Erden ist kurz. Niemand kann es sich leisten, Wichtiges aufzuschieben und die Tage mit Unwichtigem und Nichtigkeiten zu verschwenden. Und doch tun viele Menschen gerade dies. Sie vergeuden Stunde um Stunde mit unnötigen Sorgen, lassen sich von kleinen Ärgernissen die Laune verderben und von Medien, Werbung und anderen Menschen einreden, was für ihr Leben wichtig ist. Sie verlieren immer mehr den Kontakt zu dem Eigentlichen, dem Wesentlichen und wundern sich über die schwarzweiße Grundstimmung, die ihr Dasein belastet. Sie vergessen „das Beste".

Und dann, oft zu spät, fragen sie sich: „War das wirklich alles?"

Wie der Liedermacher Wolf Biermann, der in seinem Song „Das kann doch nicht alles gewesen sein" meint, dass das Leben doch nicht nur aus „Sonntag und Kinderschrein", aus „Schaffen und Raffen", aus „Fußball und Führerschein" bestehen kann. War das das „donnernde Leben"? Biermann protestiert:

„Ich will noch'n bisschen was Blaues sehn. Und will noch'n paar eckige Runden drehn. Und dann erst den Löffel abgeben."

Noch'n bisschen was Blaues sehn, noch ein paar eckige Runden drehn – Farbe ins Leben bringen, sich Träume erfüllen, endlich zu dem Menschen werden, als der man gedacht ist. Wer mit Biermann glaubt, dass das Leben mehr zu bieten hat, als nur die mehr oder weniger erfolgreiche Bewältigung des Alltags und das Streben nach Gütern, muss sich möglichst gleich auf die Suche nach „dem Besten" machen. Die Zeit eilt. „Wer wirklich leben will, der fängt am besten gleich damit an; wer das nicht will, kann's ja bleiben lassen, doch stirbt er dann", meinte lapidar der Dichter W. H. Auden.

Doch wie fängt man es an, „wirklich" zu leben? Welchen Einfluss hat ein Einzelner denn überhaupt auf sein Leben? Sind es nicht die Umstände, die Gesellschaft, das Schicksal, die den Verlauf seines Daseins bestimmen? Das ist sicher in einem großem Maße der Fall. Und doch sind Menschen keine Marionetten, die von unsichtbarer Hand gesteuert werden. Auch wenn äußere Einflüsse nur bedingt kontrolliert werden können, so beeinflusst doch jeder Einzelne die Grundstimmung seines Lebens. Es hängt von der inneren Haltung ab, ob man sich vom Strom der Ereignisse mitreißen lässt oder ob das Lebensboot sicher und gelassen auf den Wellen tanzt.

„Wirklich" leben ist sicher eine Kunst. Doch jeder kann sie erlernen, und er braucht dazu keine sieben Leben. Das eine Leben, das man hat, reicht vollkommen aus. Vorausgesetzt, man ist in diesem einen Leben anwesend.

III

Leben!

Wann, wenn nicht jetzt?

Er war einmal ein Weiser, der für seine Güte und Geduld bewundert wurde.

Niemals hörte man ihn klagen, immer wirkte er zufrieden und gelassen. Kein Wunder, dass die Menschen neugierig wurden. Gerne würden sie auch so leben wie er. Welches Geheimnis hatte er? Und der Weise verriet es ihnen:

„Wenn ich liege, dann lieg ich, wenn ich stehe, dann steh ich. Wenn ich gehe, dann gehe ich, wenn ich renne, dann renne ich." Die Fragenden waren enttäuscht: „ Das tun wir doch auch", sagten sie. „ Und doch ist unser Leben nicht so wie dein Leben. Da muss es doch noch etwas anderes geben!"

„Da habt ihr schon Recht", gab der Weise zu. „Es gibt einen Unterschied: Wenn ihr liegt, dann steht ihr schon. Und kaum steht ihr, dann geht ihr schon. Und kaum geht ihr, dann rennt ihr schon." Langsam dämmerte es den Zuhörern, was der Weise meinte. „Ihr denkt an morgen und verpasst das Heute, ihr hört nicht zu, wenn einer redet, ihr glaubt, das, was ihr noch nicht habt, das wäre das Glück. Eure Aufmerksamkeit gehört dem, was noch nicht ist."

Die Gegenwart ist für viele Menschen nur ein mehr oder weniger komfortabel ausgestatteter Wartesaal auf dem Bahnhof des Lebens. Unruhig gehen sie darin auf und ab und warten auf einen Zug, der sie baldmöglichst zu einem schöneren Ort, zu spannenderen Menschen, zu herausfordernden Aufgaben, zu traumhaften Erlebnissen transportieren soll. Sie interessieren sich nicht für die Möglichkeiten, die ihnen der Ort bietet, an dem sie sich gerade befinden. Sie lassen sich nicht wirklich ein auf das Treiben am Bahnhof, achten kaum auf die Menschen, die an ihnen vorbeigehen und spüren auch nicht die Versuchung, die Gegend drumherum zu erkunden. Manchmal ergibt es sich, dass zwei aufeinander treffen, sich finden in Gemeinsamen. Dann setzen sie sich kurz auf eine Bank im Wartesaal, erzählen sich von ihren bisherigen Fahrten. Doch selbst wenn sie beschließen, in Zukunft nicht mehr alleine zu reisen, nimmt ihre Rastlosigkeit nicht wirklich ab. Im Gegenteil: Dann, so scheint es, wird der Drang noch stärker, zu neuen Ufern aufzubrechen. Unruhig werfen sie einen Blick auf die Anzeigetafel: Wann kommt endlich der Zug? Ihr Antrieb ist die Hoffnung, dass sie glücklich sein werden, wenn der erwartete Zug endlich in den Bahnhof einfährt und sie das Ziel erreicht haben, das sie anstreben.

„Leben ist das, was passiert, während wir andere Pläne schmieden." Dieser Satz, der John Lennon zugeschrieben wird, bringt prägnant die Situation der meisten Menschen in der westlichen Welt zum Ausdruck. Sie sind nicht anwesend in der Gegenwart, weil sie sich permanent Gedanken um die Zukunft machen. Das Streben nach Besserem und nach mehr nimmt sie so sehr gefangen, dass sie gar keine Zeit für das eigentliche Leben finden.

Der Sinn des Daseins besteht für die meisten Menschen darin, Ziele zu erreichen: Wenn ich erst mal einen Partner habe, mehr verdiene, ein Haus gebaut, die Kinder großgezogen, den Traumjob gefunden habe, selbstsicherer oder schlanker geworden bin, die Prüfung bestanden habe ... Was immer man auch anstrebt, man ist überzeugt davon: „Wenn das oder jenes eingetreten ist, geht es mir entschieden besser." Doch hat man dann tatsächlich mal eines der angestrebten Ziele erreicht, bleibt das erhoffte Glücksgefühl oft aus. Statt des im Vorfeld fantasierten tollen Lebensgefühls macht sich Enttäuschung breit. Die mit dem angestrebten Ziel verbundene Freude hat kein hohes Haltbarkeitsdatum. Deshalb stellt sich schon bald wieder diese Unruhe ein, die einen vorwärts streben lässt. Die immer noch vorhandene innere Leere erklärt man sich damit, das Ziel wäre wohl das falsche gewesen und sucht sich flugs ein neues. Nur um dann nach einiger Zeit wieder feststellen zu müssen: Auch dieses Ziel war die Anstrengung nicht wert. Selbst wenn diese Erfahrung immer und immer wieder gemacht wird, an der Zukunftsorientierung ändert dies nichts. Die meisten Menschen werden aus dieser Erfahrung nicht klug, sondern vertrauen immer wieder darauf, dass das, was sie noch nicht haben, sehr viel mehr Wert hat als das, was sie bereits besitzen.

„Jeder Mensch trägt in sich den Samen des Glücks“, meinte einmal ein amerikanischer Psychologe. Leider bringen sich viele Menschen um die Ernte, weil sie das Glück am falschen Ort suchen – nämlich in der Zukunft. Stress entsteht häufig, weil man sich zu sehr anstrengt, etwas zu bekommen oder indem man zu sehr an etwas hängt, was man nicht haben kann. Weil sie nicht wissen, was sie wirklich glücklich macht, schätzen viele Menschen das Glückspotential der angestrebten Ziele als viel zu hoch ein. Die eigenen vier Wände, das Traumauto, der Urlaub auf Hawaii, die Superstereoanlage, der leitende Posten, die Auszeichnung – all das ist weniger erfüllend, als die meisten Menschen glauben. Sehr schnell lässt die Euphorie nach und macht dem üblichen Alltagsgrau Platz.

„Die Wurzel des Übels liegt in der allzu starken Betonung des materiellen Aufstiegs als einer Glücksquelle“, meinte der Philosoph Bertrand Russell. „Ich leugne nicht, daß das Gefühl, Erfolg zu haben, die Lebensfreude beflügelt. Ebensowenig streite ich ab, daß Geld bis zu einem gewissen Grad dem Glück sehr förderlich sein kann; mehr aber vermag es nicht. Der Erfolg ist und bleibt immer nur ein Einzelbestandteil des Glücks, und wenn alle übrigen Glückselemente ihm aufgeopfert werden müssen, ist er zu teuer erkauft.“ Und Sigmund Freud schreibt in dem Aufsatz *Das Unbehagen in der Kultur*: „Man kann sich des Eindrucks nicht erwehren, daß die Menschen gemeinhin mit falschen Maßstäben messen, Macht, Erfolg und Reichtum für sich anstreben und bei anderen bewundern, die wahren Werte des Lebens aber unterschätzen."

Was aber sind die „wahren Werte"?

Augenblick, verweile doch!

Wann sind Menschen glücklich? Der Psychologe Mihaly Csikszentmihalyi hat Versuchspersonen mit einem sogenannten „Beeper" ausgestattet und sie aufgefordert, ihn zu betätigen, wenn sie sich besonders wohl fühlten. Zusätzlich ließ er sie auch noch Tagebuch über ihre Erlebnisse führen. Am glücklichsten waren Menschen, so stellte sich heraus, wenn sie nichts Besonderes taten: Wenn sie mit Freunden plauderten, im Garten werkelten, handwerkliche Arbeiten verrichteten, mit den Kindern spielten oder ein Buch lasen – und sich dabei durch nichts ablenken ließen.

Es ist offensichtlich: Wem es gelingt, in seinem augenblicklichen Tun Zeit und Raum zu vergessen, wer sich achtsam einer Sache oder einem Menschen widmet, der steht im wahrsten Sinn des Wortes mitten im Leben. Er ist im „Flow", wie Csikszentmihalyi diesen Zustand bezeichnete. Erlebnisse bewusst und mit allen Sinnen erleben zu können und nicht nur zu konsumieren – darin liegt das ganze Geheimnis des Glücks. Denn nicht der Tage erinnert man sich, sondern der Augenblicke.

Positive Erlebnisse sind eine Bereicherung für das Leben. Natürlich kann man sich auch über etwas Erworbenes freuen. Nicht umsonst sagen Verkäuferinnen und Verkäufer gerne, sobald man sich zum Kauf entschlossen hat: „Da haben Sie sicher lange Freude dran!" Aber die Freude ist eher oberflächlich und verblasst, je länger man die Dinge um sich hat. Die Erinnerung an Erlebnisse dagegen bleibt farbig. Wann immer man an das Geschehen zurückdenkt, tauchen die damit verbundenen schönen Gefühle auf. So sind Erlebnisse auch ein Fluchtpunkt, wenn der Alltag mal wieder ganz grau in grau erscheint.

Wie psychologische Studien nachweisen, sind Menschen gelassener, fröhlicher und fühlen sich freier, wenn sie sich an angenehme Erlebnisse erinnern können. Gedanken an Stereoanlagen oder Kleidungsstücke verursachen hingegen keine, und wenn, dann nur sehr kurzfristige, positive Gefühle. Materielle Dinge hinterlassen keinen tiefen emotionalen Eindruck, Erlebnisse aber machen glücklich, weil sie tiefe Gefühle hervorrufen. Vorausgesetzt, man ist achtsam und wirklich geistig anwesend.

Erlebnisse sind also das A und 0 eines erfüllten Lebens. Das ist eine gute Botschaft: Das Glück ist eine demokratische Angelegenheit – jedem ist es zugänglich – , vorausgesetzt, man verfügt über das Wissen, wo es zu finden ist. Das, was einen wirklich zufrieden und glücklich macht, kann man nicht kaufen. Wirkliche Erlebnisse, und nicht Kaufakte, ergeben aneinandergereiht eine wunderschöne Lebenskette, die immer wertvoller wird, je intensiver und bewusster die einzelnen Augenblicke wahrgenommen werden. Man benötigt kein prall gefülltes Bankkonto, keine Beziehungen zu „wichtigen“ Menschen, keine Statussymbole und auch keinen Lottogewinn. Alles was man braucht ist die Fähigkeit, das Glückspotential des Augenblicks zu erkennen.

Um den wohltuenden Effekt von Erlebnissen zu verspüren, muss man sie mit allen Sinnen wahrnehmen. Wer den Geburtstag eines Freundes feiert, mit den Gedanken aber bereits beim Geschäftstermin des nächsten Tages ist; wer mit seinem Partner zu Abend isst, aber nicht richtig zuhört, was er zu erzählen hat; wer seine Kinder gehetzt ins Bett bringt und keine Zeit findet, mit ihnen über den Tag zu sprechen; wer in einem Konzert sitzt und dabei über den Kauf eines neuen Autos nachdenkt; wer seine Wohnung putzt und dies nur für Zeitverschwendung hält; wer dem geliebten Menschen gedankenverloren einen Kuss auf die Wange haucht und gar nicht richtig merkt, was er da tut – der ist vom Leben abgeschnitten. Er tut das, was er tut, unachtsam und verzichtet auf die Möglichkeit, aus einer Situation ein Erlebnis zu machen. Weil der gegenwärtige Augenblick überlagert ist von Gedanken an die Zukunft, dringt er nicht vollständig ins Bewusstsein. Schon kurze Zeit später kann man sich gar nicht mehr richtig daran erinnern.

Die Zukunft hat Zeit

Kaiser Marc Aurel empfahl, „daß ein jeder nur den gegenwärtigen Augenblick, den winzigen, lebt; das Übrige ist entweder durchlebt oder liegt im Unbestimmten." Weil das Leben kurz ist, empfahl der Kaiser, der auch ein Philosoph war, „einzig das Leben zu leben, das du lebst, das heißt das gegenwärtige, dann wirst du die bis zum Sterben übrigbleibende Zeit ruhig, wohlgemut und heiter gestimmt ... durchleben."

Achtsam in der Gegenwart leben – nichts scheint schwieriger zu sein als das. Die meisten Menschen haben ständig viel zu viel zu tun und zu bedenken. Weil sie so viele Pläne realisieren, so viele Aufgaben bewältigen wollen, schwirrt ihnen oft der Kopf. „Was muss als nächstes getan werden? Habe ich das oder jenes schon erledigt? Und das darf ich auf keinen Fall vergessen!" Das viele Denken und Bedenken nimmt sie völlig gefangen – mit dem Ergebnis, dass sie geistig abwesend sind. Gedankenverloren gehen sie auf der Straße an Bekannten vorbei, löschen aus Versehen eine E-Mail, die sie eigentlich versenden wollten, lesen die Zeitung und merken irgendwann, dass sie seit Minuten auf die Zeilen starren, ohne deren Inhalt zu erfassen. Sie vergessen Geburtstage oder Hochzeitstage, erinnern sich erst kurz vorm Einschlafen daran, dass sie eigentlich ein Telefongespräch mit der Freundin verabredet hatten, wissen schon nach einer Minute nicht mehr, wie der neue Kollege heißt, der ihnen gerade vorgestellt wurde, fahren bei Rot über die Ampel ... Viele Menschen gehen wie Schlaftrunkene durchs Leben. Nur schemenhaft nehmen sie andere Menschen und die Geschehnisse wahr, schalten auf Autopilot und reagieren oft nach Schema F. Sie sind nicht bei der Sache und auch nicht vollständig bei Sinnen. Unachtsam lassen sie das Leben an sich vorbeiziehen und leben in einer Art Trancezustand. Was zählt, ist das, was zu erreichen und zu erledigen ist. Was nicht zählt, ist der gegenwärtige Moment. Die Lebendigkeit des Augenblicks wird durch die mangelnde Achtsamkeit erstickt.

Wer unachtsam ist, geht mit Scheuklappen durchs Leben. Er erkennt nicht das Neue, Spannende, Interessante seines Alltags, ist blind für die Schönheiten der Natur und vor allem auch für die Menschen in seiner Umgebung. Wenn man achtlos den Partner, die Kollegen und die Freunde behandelt, sie als selbstverständlich betrachtet, ihnen nur mit halbem Ohr zuhört, weil man glaubt, schon zu wissen, was sie zu sagen haben, riskiert, dass sie sich irgendwann abwenden. Achtlosigkeit macht auch blind gegenüber dem eigenen Erleben. Erschöpfung, Freude, Angst, Ärger, Scham – welche Gefühle auch immer mit aktuellen Situationen verbunden sind, der Unachtsame erkennt sie nicht – und setzt damit seine Gesundheit und sein Wohlbefinden aufs Spiel.

Um dem Erleben und den Erlebnissen einen größeren Stellenwert im Leben einzuräumen, muss man die Aufmerksamkeit von der Zukunft abziehen und mehr im „Hier und Jetzt" leben. Doch die meisten Menschen tun genau das Gegenteil. Die Gegenwart ist für sie nur dazu da, um etwas zu erledigen – mit Blick auf eine bessere Zukunft. Ihre Tage sind randvoll mit Aufgaben und Pflichten, der Alltag wird abgespult in Hektik und Stress, es gibt kaum Raum für Pausen, fürs Nachdenken, Zu-sich-Kommen. Was immer sie auch tun, es geschieht häufig unter Zeitdruck und selten sind sie mit ihren Gedanken wirklich ganz bei der Sache. Die Gegenwart muss gemeistert werden, die Aufmerksamkeit gehört dem Morgen. Zeit für wirkliche Erlebnisse, alleine erlebt oder mit anderen, bleibt da kaum.

Vielen dürfte folgende Situation vertraut sein: Lange schon ist ein Wochenende mit einem geliebten Menschen geplant. Die Vorfreude ist groß, man malt sich aus, wie schön es werden wird und schmiedet Pläne, was man alles endlich miteinander erleben kann:

ins Kino gehen, die neue CD gemeinsam anhören, ein schickes Abendessen im Lokal und natürlich ausreichend Zeit für die Liebe. Dann ist das Wochenende endlich da, und es ist rundum gelungen. Doch am Montagmorgen geht es einem gar nicht so gut wie erwartet. Eigentlich müsste man glücklich sein, stattdessen hat man das Gefühl, das Wochenende nicht richtig genutzt, die Zeit mit dem Partner nicht optimal ausgeschöpft zu haben. Die innere Befriedigung, die man sich erhofft hatte, blieb aus. Warum?

Zwei Gründe könnten dafür verantwortlich sein: Zum einen kann es sein, dass man mit dem Ziel „gemeinsames Wochenende" zu hohe Erwartungen verknüpft hat und deshalb das erwartete Glücksgefühl ausgeblieben ist. Zum anderen hat man vielleicht verlernt, in der Gegenwart zu leben und den gegenwärtigen Moment zu genießen. Die im Vorfeld geschmiedeten Pläne mussten umgesetzt werden, man hat das Programm abgespult, ohne auf die aktuellen eigenen Bedürfnisse und die des Partners zu achten.

Die Fähigkeit, sich am Augenblick zu erfreuen, ihn zu genießen und wertzuschätzen, ist vielen Menschen abhanden gekommen. Wäre ihnen in jedem Moment voll bewusst, dass jeder Augenblick ein „Repräsentant der Ewigkeit" ist, wie Johann Wolfgang von Goethe es formulierte, dann würden sie nicht so nachlässig mit der Gegenwart umgehen.

Träume und Pläne sind wichtig, ohne Frage. Sie treiben einen voran, motivieren zum Handeln, können regelrecht elektrisieren. Ein sinnvolles Leben hat immer auch Ziele. Aber wenn man das Träumen und Planen übertreibt, läuft man Gefahr, das Leben zu versäumen. Man ist dann meist nicht wirklich anwesend, lebt nur für die tollen Zukunftsprojekte, verlagert die ganze Aufmerksamkeit auf das, was sein wird und entwertet dadurch die Bedeutung der Gegenwart. Weil man nicht achtsam mit dem Augenblick umgeht, sieht man oft nicht die Bedeutung dessen, was man bereits hat.

Der Philosoph Arthur Schopenhauer glaubt: „… ein großer Teil der Lebensweisheit beruht auf dem richtigen Verhältnis, in welchem wir unsere Aufmerksamkeit teils der Gegenwart, teils der Zukunft schenken, damit nicht die eine uns die andre verderbe. Viele leben zu sehr in der Gegenwart (die Leichtsinnigen), andre zu sehr in der Zukunft (die Ängstlichen und Besorglichen), selten wird einer grade das Maß halten. Die, welche nur in der Zukunft leben, immer vorwärts sehn und mit Ungeduld den kommenden Dingen entgegeneilen, als welche allererst das wahre Glück bringen werden, die Gegenwart inzwischen ungenossen und unbeachtet vorbeiziehn lassen, diese gleichen dem Italienischen Esel Tischbeins, mit seinem an einem Strick vorgebundenen Heubündel, welches seinen Schritt beschleunigt. Sie leben stets nur ad interim, bis sie tot sind."

Ist das ein Leben? Ständig verharrend in einem Dazwischen, nie anwesend sein, sondern wie der Esel mit immer schnellerem Schritt irgendwelche Ziele in der Ferne anpeilen? „So betrügen wir uns selbst um das ganze Leben", meint Schopenhauer. Denn nur die Gegenwart sei „der Schauplatz unseres Glücks".

Ein Mönch bat einen Zen-Meister: „Ich bin gerade im Kloster angekommen. Bitte unterrichte mich. Der Zen-Meister fragt ihn: „Hast du deinen Reisbrei gegessen?" „Ja", sagt der Mönch. „Dann wäscht du jetzt besser deinen Teller ab." Der ungeduldige Mönch befand sich bereits in der Zukunft: Er wollte unterrichtet werden, er war in Gedanken schon bei all den wunderbaren Weisheiten, die ihm der Zen-Meister beibringen konnte. Der aber holte ihn mit seiner Bemerkung schnell in die Gegenwart zurück. „Nicht so hastig", gab er ihm zu verstehen, „komme erst einmal richtig hier an. Esse und spüle deinen Teller ab. Dann werden wir weitersehen." Oder wie sagte der Weise? „Wenn ich liege, dann lieg ich, wenn ich stehe, dann steh ich. Wenn ich gehe, dann gehe ich, wenn ich renne, dann renne ich."

Nicht so hastig! Das sollte sich zum Leitsatz machen, wer sein Leben bewusst leben will. Nicht so hastig den Augenblick zugunsten des nächsten zur Seite stellen. Nicht so hastig aus schönen, wie schmerzlichen Situationen entfliehen. Nicht so hastig den Blick nach vorne richten, wo man den Moment noch gar nicht richtig wahrgenommen hat.

Möglicherweise sitzt tief in vielen Menschen die Angst, sie könnten Wesentliches verpassen, wenn sie sich zu sehr mit dem Augenblick aufhalten, zu genießerisch im Hier und Jetzt leben. Gleichzeitig aber sehnen sich wohl alle nach Momenten der Erfüllung, in denen sie mit Leib und Seele spüren, dass sie am Leben sind. Goethes „Faust" war dafür sogar bereit, seine Seele zu verkaufen, wenn er zu Mephisto sagt:

> „Werd' ich zum Augenblicke sagen:/
> Verweile doch! Du bist so schön!/
> Dann magst du mich in Fesseln schlagen,/
> Dann will ich gern zu Grunde gehen!"

Um den Augenblick mit allen Sinnen wahrnehmen zu können, ist kein Pakt mit dem Teufel notwendig. Man muss nicht seine Seele verkaufen und man muss auch nicht befürchten, sich zu versündigen, wenn man zum gegenwärtigen Moment sagt: „Verweile doch!" Die Sünde besteht in etwas anderem, meinte der Schriftsteller Albert Camus: „Wenn es eine Sünde gegen das Leben gibt, dann besteht sie weniger darin, am Leben zu verzweifeln als in der Hoffnung auf ein anderes Leben."

Wertschätzen, was man hat

Aufhören, das Glück in der Zukunft zu suchen, nicht mehr länger nach dem Besseren streben, das man noch nicht hat, sondern sich freuen über das, was einem bereits gehört – wem das gelingt, der gibt der Gegenwart den Stellenwert, der ihr in einem erfüllten Leben gebührt. Doch wie kann man lernen, das Glück nicht mehr länger „im Noch nicht" zu suchen, sondern all dem mit Respekt und

Achtsamkeit zu begegnen, was man bereits hat? Der Philosoph Arthur Schopenhauer hat hierfür einen hilfreichen Rat: „Wir müssen es dahin zu bringen suchen, daß wir, was wir besitzen, mit eben den Augen sehn, wie wir es sehn würden, wenn es uns entrissen würde: Was es auch sei, Eigentum, Gesundheit, Freunde, Geliebte, Weib und Kind: meistens fühlen wir den Wert erst nach dem Verlust. … Wir pflegen beim Anblick alles dessen, was wir nicht haben, zu denken ‚wie, wenn das mein wäre?' – und dadurch machen wir uns die Entbehrung fühlbar. Statt dessen sollten wir bei dem, was wir besitzen, oft denken: ‚Wie, wenn ich dieses verlöre?'"

Stellen wir uns also diese Frage:

- Was wäre, wenn ich meinen Partner, meine Familie nicht mehr hätte?
- Was wäre, wenn ich meine Arbeit aufgeben müsste?
- Was wäre, wenn ich keine Freunde mehr hätte?
- Was wäre, wenn ich nicht mehr gehen könnte?
- Was wäre, wenn ich dieses Gemälde nicht mehr betrachten dürfte?
- Was wäre, wenn ich nicht mehr Musik hören könnte?
- Was wäre, wenn im Frühling die Bäume nicht mehr grün würden?
- Was wäre, wenn es keine Winter mehr gäbe?
- Was wäre, wenn ich dieses Lokal nie mehr besuchen könnte?
- Was wäre, wenn ich nie mehr geküsst würde?
- Was wäre, wenn mich niemals mehr ein Mensch berühren würde?
- Was wäre, wenn ich nicht mehr riechen, schmecken, fühlen könnte?
- Was wäre, wenn es keine Wälder mehr gäbe?

Wer seine Umgebung und nahestehende Menschen unter dem Aspekt „Was wäre, wenn ich es verlöre?" betrachtet, merkt schnell, welches Füllhorn an Freuden die Gegenwart für einen bereithält.

Kinderlachen, ein warmer Sonnentag, ein köstliches Glas Rotwein, die Lieblingsschokolade, der Himmel am Abend, der spezielle Duft des Geliebten, das Lächeln des Fremden ... wenn man einmal dafür sensibilisiert ist, wird man unaufhörlich Neues entdecken. Und man wird erkennen, wie wertvoll all das ist, was man sich nicht erst erkämpfen muss, sondern das bereits zum eigenen Leben gehört. Der Reichtum der Gegenwart ist groß. Und zahlreich sind die Anlässe für Dankbarkeit.

Berthold Brecht hat in einem Gedicht verewigt, welche Dinge er nicht missen möchte, weil sie ihm „Vergnügungen" bereiten. Dazu gehören für den Dichter

„der erste Blick aus dem Fenster am Morgen, das wiedergefundene Buch, Schnee, der Wechsel der Jahreszeiten, die Zeitung, der Hund, Duschen und Schwimmen, alte und neue Musik, bequeme Schuhe, Schreiben, Pflanzen, Reisen, Singen, freundlich sein".

Das sind bescheidene Vergnügungen? Stimmt. Es sind in der Tat vor allem die bescheidenen, kleinen Dinge, die das Leben wertvoll machen. Das kommt auch in dem Lied *What a wonderful world* von Louis Armstrong zum Ausdruck: „I see trees of green, red roses too, the colors of the rainbow, so pretty in the sky, I see friends shakin' hands" – Louis Armstrong findet die Welt „wundervoll". Er sieht die grünen Bäume, die roten Rosen, den blauen Himmel und die dunkle Nacht, die Farben des Regenbogens und die Freundschaft und Liebe der Menschen, er hörte Babys weinen, sieht die Kinder heranwachsen und erkennt, dass sie mehr lernen werden, als es ihm vergönnt war. Ein wundervolle Welt. Er ist dankbar für all das.

Es wäre natürlich auch ein anderer Text denkbar. Armstrong könnte singen über die Kriege auf der Welt, den Hunger, das Leid und die Armut. Und er könnte zu dem Schluss kommen: Die Welt ist alles andere als wunderbar, sie ist die Hölle.

Louis Armstrong und auch Bertold Brecht haben sich für einen positiven, freundlichen Blick auf die eher unspektakulären Ereignisse des Lebens entschieden, die man im Alltagsstress kaum noch bewusst wahrnimmt. Und diesen beiden Künstlern kann man ganz sicher nicht vorwerfen, dass sie die Schattenseiten ausblenden. Doch indem sie auf das Schöne aufmerksam machen und dankbar dafür sind, zeigen sie einen Weg auf, wie für jeden einzelnen Menschen die Schwere des Lebens erträglicher wird. Denn die Gefahr ist groß, dass man vor lauter Schwierigkeiten das Gute im Leben übersieht. Wer voller Ressentiments, Abneigung und Traurigkeit ist, wer vor Sorgen gebeugt durchs Leben geht, sieht sie nicht, die vielen kleinen Anlässe für Dankbarkeit – und verstärkt dadurch seine resignative, freudlose Haltung dem Leben gegenüber. Wer dagegen die kleinen Wunder des Alltags bemerkt, wer dankbar sein kann, sich selbst, anderen und auch dem Schicksal, der begegnet seinem Leben mit Wertschätzung und hat ein gutes Gegenmittel gegen Stress und Ärger gefunden.

Dankbar sein. Wofür?

Dankbar kann man für vieles sein. Für ein Geschenk oder eine Hilfestellung, für eine freundliche Geste, für die Schönheit der Natur, für die Stille nach dem Lärm, für die Gesundheit, für das Sonnenlicht ebenso wie für schneehelle Winternächte. Dankbarkeit kann man empfinden, weil man seinen Seelenfrieden gefunden hat, weil man von größerem Unglück verschont geblieben ist oder weil es man schwere Prüfungen bestanden hat. Dankbar kann man sein, weil es aufhört zu regnen und die Sonne herauskommt oder weil man sich warm angezogen hat bei kalten Temperaturen. Dankbar machen kann einen die ohne besonderen Grund von einer Freundin geschickte Grußkarte, der blühende Strauch im Garten und der freundliche Autofahrer, der einem die Vorfahrt lässt. Dankbarkeit kann man anderen Menschen, aber auch sich selbst gegenüber empfinden oder auch einer übergeordneten Macht. Dankbarkeit verdienen nicht nur die großen Taten und Ereignisse, sondern vor allem auch die kleinen Aufheller des Alltags.

Leider sind die meisten Menschen sehr viel geschulter im anklagenden, negativen Denken als im dankbaren. Dies offenbart eine kleine Übung: Fragt man im Freundes- und Bekanntenkreis: „Was war für dich in den vergangenen zwölf Monaten das schönste Erlebnis? Und was war das schlimmste oder schrecklichste?", dann wird man mit großer Wahrscheinlichkeit sehr viel schneller eine Antwort auf den zweiten Teil der Frage bekommen. Enttäuschungen, Ärger, Sorgen bleiben anscheinend besser im Gedächtnis haften als gute, wohltuende Erfahrungen. Es scheint, als hätten viele Menschen eine Art Filter, der gefühlsintensive schlechte Ereignisse in die Erinnerung durchlässt, das Gute aber als Selbstverständlichkeit abweist.

In einem Restaurant ist ein großer Tisch festlich gedeckt – bereit für die Gäste, die hier ein besonderes Ereignis feiern wollen. Nach und nach treffen sie ein: ein älteres Ehepaar und zwei junge Paare mit ihren Kindern. Schnell wird klar: Hier feiert eine Familie den Geburtstag der Mutter und Großmutter. Als alle Platz genommen haben, geht einer der jungen Männer nach draußen und kommt mit einem riesigen Strauß roter Rosen wieder zurück. „Mutter, ich wollte Dir nur schnell mal Deine Blumen zeigen", sagt er eher beiläufig zum Geburtstagskind. Die ältere Frau wirft einen kurzen Blick auf den überwältigend schönen Strauß und erklärt dann den anderen am Tisch: „Das bekomme ich jedes Jahr von ihm." Damit war das Thema für sie erledigt. Sie hatte dieses Geschenk schon erwartet, es ist für sie selbstverständlich, die Zahl ihrer Lebensjahre in der Zahl der Rosen widergespiegelt zu sehen. Ganz offensichtlich sieht sie keinen Grund, ihrem Sohn für das großzügige Geschenk zu danken. Der zögert denn auch nicht lange und schleppt den Blütentraum nach wenigen Minuten wieder aus dem Raum.

Hätte der Sohn an diesem Geburtstag die übliche Routine unterbrochen und der Mutter nicht den erwarteten Rosenstrauß geschenkt – der Jubilarin wäre wahrscheinlich dieser Ehrentag in besonderer Erinnerung geblieben. Enttäuscht, weil das Erwartete ausblieb, hätte sie sich möglicherweise Gedanken über den

„undankbaren“ Sohn gemacht und ihm sein „Versäumnis“ nie vergessen. So aber buchte die Mutter den Geburtstagsstrauß unter „erwartet und damit selbstverständlich“ ab und verwehrte ihrem Sohn sogar das Höflichkeitsdanke, das uns in Alltagssituationen oft automatisch und damit gedankenlos von den Lippen geht.

Vieles zu selbstverständlich nehmen, das ist *ein* Grund, warum das echte, tiefe Gefühl der Dankbarkeit so selten aufkommt. Andere Gründe sind: Man ist zu sehr mit sich selbst beschäftigt, mit seinen Sorgen und Problemen, dass man die vielen kleinen Anlässe zur Dankbarkeit überhaupt nicht wahrnimmt. Oder man denkt, das Gute, das einem zustößt, hätte man verdient, es stünde einem zu – und deshalb müsse man sich auch nicht dankbar erweisen. Oder man schätzt nur, was einem anderen Kosten verursacht hat. Dann ist man dankbar, weil dieser sich Zeit genommen, sich angestrengt, Geld investiert hat.

Was echte Dankbarkeit ausmacht und welch wichtige Ressource sie für das seelische Gleichgewicht ist, bleibt vielen Menschen verschlossen. Sie kennen nicht die schützende und stabilisierende Funktion der Dankbarkeit, von der schon Cicero sagte, sie sei nicht nur die „größte aller Tugenden, sondern auch die Mutter von allen“.

Dass andere Menschen sich freuen, wenn man ihr Tun anerkennt und wertschätzt, leuchtet unmittelbar ein. Weniger klar ist, dass man selbst von der eigenen Dankbarkeit profitieren kann. Dankbarkeit ist eine wichtige psychologische Ressource, die einem das Leben unendlich erleichtert. Dieses Gefühl, tief empfunden, schützt vor Enttäuschungen, Verbitterung und nimmt den unvermeidlichen Nackenschlägen des Schicksals viel von ihrer Kraft. Wie psychologische Studien zeigen, sind dankbare Menschen zufriedener, glücklicher und sozialer als Personen, die sorgfältig alles Negative in ihrem Leben registrieren, das Positive aber übersehen.

In einer dieser Studien führten Studenten zehn Wochen lang ein Tagebuch, in dem sie ihr emotionales Befinden, ihre körperlichen Beschwerden, ihr Gesundheitsverhalten (Bewegung, Alkoholkonsum, Aspiringebrauch) und ihren Gesundheitszustand (Kopfschmerzen, Erkältung und so weiter) notierten. Einmal pro Woche sollten die Studierenden über ihr Lebensgefühl Auskunft geben sowie darüber, wie zuversichtlich sie in die kommende Woche blickten.

Dann wurden die Testpersonen in drei Gruppen aufgeteilt: Ein Drittel wurde gebeten, fünf Ereignisse, die sie am meisten beschäftigten, aufzuschreiben (die Forscher nannten diese Gruppe die „Neutralen"), ein zweites Drittel sollte fünf kleine Stresssituationen notieren (die „Gestressten") und ein weiteres Drittel wurde gebeten, fünf Dinge aufzulisten, für die sie in der vergangenen Woche dankbar gewesen waren (die „Dankbaren").

Es zeigten sich deutliche Unterschiede zwischen diesen drei Gruppen: Die „Dankbaren" waren insgesamt zufriedener mit ihrem Leben und blickten hoffnungsvoller in die kommende Woche als die beiden anderen Gruppen. Sie litten auch weniger unter körperlichen Beschwerden und investierten deutlich mehr Zeit für sportliche Betätigung als die „Gestressten".

In anderen Studien fanden Psychologen weitere positive Wirkungen des Gefühls Dankbarkeit:

- Menschen, die an einer neuromuskulären Krankheit litten, wurden aufgefordert, über einen 21-Tage-Zeitraum aufzuschreiben, wofür sie dankbar seien. Am Ende der Studie hatte sich ihre Stimmung verbessert, sie berichteten über stärkere soziale Bindungen, waren optimistischer und schliefen besser.
- Dankbare Menschen leiden seltener unter depressiven Verstimmungen und Stresssymptomen.
- Religiösen Menschen fällt es leichter, dankbar zu sein als nichtreligiösen.
- Dankbare realisieren mehr Lebensziele als Menschen, deren Aufmerksamkeit nicht auf die positiven Ereignisse in ihrem Leben gerichtet ist.
- Dankbare legen weniger Wert auf materielle Güter. Sie messen ihren eigenen und den Wert anderer nicht an Besitz, Status und Erfolg. Sie sind nicht neidisch und teilen selbstverständlicher mit anderen als Menschen, denen Dankbarkeitsgefühle eher fremd sind.

■ Dankbare Menschen helfen anderen öfter bei persönlichen Problemen, bieten häufiger emotionale Unterstützung an und engagieren sich sozial. Sie sind beispielsweise ehrenamtlich tätig oder unterstützen soziale Einrichtungen durch Spenden.

Waren die „Dankbaren" einfach in einer glücklicheren Lage als die anderen Studenten? Keineswegs. Auch sie erlebten im Laufe des Untersuchungszeitraums Irritationen, litten unter Nervosität und ärgerten sich über sich selbst oder andere. Dankbarkeit setzt keine paradiesischen Lebensumstände voraus – und übrigens auch kein gefülltes Bankkonto. Dankbarkeit kann jeder empfinden, wenn er die Geschenke der Gegenwart achtsam registriert.

Menschen, die Dankbarkeit noch nicht als Ressource entdeckt haben, konzentrieren sich meist auf das, was sie nicht haben, was ihnen nicht gelingt, was ein anderer Mensch hat oder scheinbar hat – sie leben nicht bewusst in der Gegenwart – und erschweren sich damit zusätzlich ihr Leben. Menschen, die dagegen wertschätzen was sie haben und was ihnen widerfährt, sind glücklicher, weniger neidisch auf andere und kommen mit negativen Ereignissen besser zurecht. Wer fähig ist, sich dankbar zu zeigen, knüpft leichter Freundschaften und hat insgesamt bessere soziale Beziehungen. Ein faszinierendes Fazit der Forschung: Je dankbarer ein Mensch ist, desto mehr Grund zur Dankbarkeit gibt es in seinem Leben.

Dankbarkeit hat aber nicht nur positive Auswirkungen auf das persönliche Leben des Einzelnen und das zwischenmenschliche Miteinander. Sie ist auch ein wichtiges Schmiermittel für die Gesellschaft. Gäbe es keine Dankbarkeit, wäre der Zusammenhalt einer Gesellschaft ernsthaft gefährdet. Ohne Dankbarkeit, davon war auch der Soziologe Georg Simmel überzeugt, könnte eine Gesellschaft nicht funktionieren, sie würde auseinanderbrechen. Dankbarkeit, so Simmel, ist das „moralische Gedächtnis der Menschheit", es erinnert die Bürger daran, dass sie aufeinander angewiesen sind. Formale und soziale Strukturen wie Gesetze und soziale Verträge reichten nicht aus, um Gegenseitigkeit zu fördern.

So gesehen scheint das moralische Gedächtnis in unserer Gesellschaft stark geschwächt zu sein. Zumindest in der gegenwärtigen Debatte um den Generationenkonflikt, um Renten- und Gesundheitsreform zeigt sich in besonders eklatanter Weise, welche Folgen die „Gewöhnungen an unsere Segnungen“ haben, die der humanistische Psychologe Abraham Maslow bereits Mitte der 50er Jahre beklagte: Wenn zu viele Menschen nicht zu schätzen wissen, was sie haben, so Maslow, dann sei das eine wesentliche Ursache „menschlichen Übels, menschlicher Tragödie und menschlichen Leidens“. Würden die Menschen dagegen ihre „Segnungen zählen“, würde das „das Leben sehr verbessern“.

Dankbarkeit lernen

Offenbar fällt es aber vielen Menschen schwer, ihre „Segnungen zu zählen“ und Dankbarkeit zu empfinden. Sie kreisen zu sehr um sich selbst, haben ein starkes Bedürfnis nach Anerkennung und Bewunderung, vergleichen sich mit anderen und neigen daher zu Neidgefühlen. Auch sind sie oft der Ansicht, dass die Welt ihnen etwas schuldig sei oder dass ihnen bestimmte Rechte und Privilegien zustünden. Erfüllen andere ihre Erwartungen nicht, reagieren sie verärgert und ablehnend. Unfähig, sich in die Bedürfnisse anderer einzufühlen, neigen sie dazu, deren Gutmütigkeit und Freundlichkeit auszubeuten. Diese Menschen wollen sich nicht eingestehen, dass sie von anderen Menschen abhängig sind. Das macht es ihnen schwer, dankbar zu sein, und verhindert, dass sie ihr Leben wirklich genießen können.

Was aber tun, wenn man sich schwer tut mit der Dankbarkeit? Kann man Dankbarkeit lernen? Durchaus. Man muss allerdings sich selbst gegenüber ehrlich sein und sich als erstes Rechenschaft ablegen über nichtdankbare Gefühle und Gedanken. Am Ende eines Tages sollte man sich ein wenig Zeit nehmen und in ein Tagebuch wichtige Geschehnisse des Tages unter dem Aspekt „Dankbarkeit/Undankbarkeit“ eintragen. Eine Strukturhilfe können dabei folgende drei Fragen sein, die auf eine buddhistische Meditationstechnik mit dem Namen Naikan zurükgehen. Sie wurde entwickelt von dem Japaner Yoshimoto Ishin.

Folgende Fragen verhelfen zu einer neuen Perspektive und unterstützen darin, der Gegenwart mit Achtsamkeit und Wertschätzung zu begegnen:

Was habe ich heute von wem bekommen?

Dabei sollte man vor allem auch die kleinen, beiläufigen Dinge berücksichtigen. Man wird erstaunt sein, was und wer einem alles so einfällt:

- Der Partner, der jeden Morgen als erster aufsteht, den Kaffee kocht und die Tageszeitung aus dem Briefkasten holt.
- Die Mitarbeiterin einer Behörde, die uns freundlich beim Ausfüllen eines Formulars hilft.
- Die Müllmänner, die unseren Abfall verlässlich beseitigen.
- Die Kollegin, die fragt, ob sie einem Arbeit abnehmen kann.
- Der eigene Körper, der schmerzlos funktioniert.
- Der Fremde, der uns im Vorübergehen ein Lächeln schenkt.

Wenn man einmal anfängt, über die Frage „Was habe ich heute von wem bekommen?" nachzudenken, purzeln die Erinnerungen.

Weniger angenehm ist möglicherweise die Beschäftigung mit der zweiten Frage:

Wie habe ich darauf reagiert?

In Dankbarkeit Ungeübte werden sich eingestehen müssen, dass sie auf das meiste Gute gar nicht reagiert haben, weil sie es in dem Moment, in dem es geschah, gar nicht bewusst registriert oder als selbstverständlich genommen haben. Vielleicht aber stellt man auch fest: „Bedankt habe ich mich schon, aber habe ich wirklich Dankbarkeit mit der damit verbundenen Freude gefühlt?"

Die dritte Frage

Was habe ich heute wem gegeben?

ist ebenso wichtig wie die beiden vorhergehenden. Denn sie klärt, ob man selbst mehr zu den selbstverständlich Nehmenden gehört oder ob Geben und Nehmen in Balance sind. So mancher geht durchs Leben in ständiger Erwartung: dass andere etwas für ihn tun, dass das Schicksal es gut mit ihm meint, dass der Partner aufmerksam und interessiert ist, dass er geliebt wird … Die Frage, was tue ich eigentlich, für das andere mir dankbar sein könnten, stellt sich häufig nicht. Wer sich in Dankbarkeit schulen und die positiven Auswirkungen dieses Gefühls auf sein Leben spüren möchte, der kommt um diese – durchaus unangenehme – Selbstbetrachtung nicht herum.

Wer am Ende eines Tages darüber nachdenkt, wo und wann er mit dem Schicksal oder anderen Menschen haderte oder was ihm Gutes widerfahren ist, wird mit der Zeit bewusster die positiven Anteile in seinem Leben wahrnehmen und erkennen, welche Geschenke die Gegenwart für ihn bereithält. Wie schrieb Meister Eckhart? „Wenn das einzige Gebet, das du während deines ganzen Lebens sprichst, ‚danke' heißt, würde das genügen."

Leben – wann, wenn nicht jetzt! Die Hoffnung auf ein besseres Leben, irgendwann, später einmal und das Streben nach mehr und Besserem verunmöglichen das Leben und machen blind für die Segnungen der Gegenwart. Der Blick, der häufig gerichtet ist auf das, was noch nicht ist, sollte immer öfter auf das fallen, was einem tagtäglich begegnet und widerfährt. Die Sensibilität für die Bedeutung von Erlebnissen, mit sich alleine oder mit anderen, sollte erhöht werden, wenn einem daran gelegen ist, das Beste im Leben nicht zu übersehen.

IV
Locker bleiben!
Vieles ist nicht so wichtig

Die Gegenwart, der „Schauplatz unseres Glücks“, wird nicht nur durch ständiges Pläneschmieden, Zögerlichkeit oder Verbitterung überschattet. Es gibt noch eine andere wirkungsvolle Methode, wie man selbst dafür sorgen kann, dass die Gegenwart wenig erfreulich ist: Überflüssige, negative Bewertungen können den Alltag verdüstern. Damit sind die vielen kleinen unnötigen Aufregungen gemeint, die negativen, selbstkritischen oder andere Menschen herabsetzenden Gedanken, die einem im Laufe des Tages durch den Kopf schießen. Sie sind häufig der Grund, warum man den Augenblick nicht genießen kann. Das Schlimme an diesen Gedanken ist, dass man sie oftmals gar nicht mehr richtig wahrnimmt. Sie treiben unbemerkt ihr Unwesen. Die Wirkung, die sie haben, spürt man jedoch mit der Zeit durchaus: Schlechte Laune, Aggression, Niedergeschlagenheit, Mutlosigkeit – belastende Gefühle sind oftmals die direkte Folge des anstrengenden Stimmengewirrs, hervorgerufen durch negative Bewertungen.

Am Beispiel des „Jahrhundertsommers“ im Jahre 2003 lässt sich gut veranschaulichen, was mit überflüssigen negativen Bewertungen gemeint ist: Temperaturen bis knapp unter die 40 Grad-Marke machten in diesem Sommer den Menschen zu schaffen. Die Hitze war das Thema Nummer eins – nicht nur in den Medien, sondern auch in den Gesprächen unter Freunden und Kollegen. Selbst Menschen, die sonst nicht viel miteinander zu tun hatten, philosophierten plötzlich über den Ausnahmesommer und seine Auswirkungen auf das Leben. Dabei teilten sich die Erhitzten in zwei Lager: die „Jammernden" und die „Akzeptierenden".

Die „Jammernden" klagten über Schlaflosigkeit, weil auch nachts die Temperaturen nicht abkühlten. Sie beschrieben ihre Kreislaufschwäche und ihre Appetitlosigkeit, fantasierten von Schneelandschaften und wussten nichts mit den heißen Tagen anzufangen. Ins Schwimmbad? Grässlich! Diese Menschenmassen und das Kindergeschrei!

Doch es gab auch Menschen, die gingen ganz anders mit der ungewohnten Hitze um. Die „Akzeptierenden" begannen früher als sonst mit ihrer Arbeit, ruhten sich am Nachmittag im kühlen Zimmer aus, genossen am späten Abend die aufgeheizte Luft bei einem Spaziergang, wurden durch die Hitze angenehm langsam, passten ihre Ernährung an die Hitze an und konnten sich plötzlich vorstellen, wie das wäre, für immer im Süden zu leben.

Die Unterschiede im Erleben und Handeln der beiden Gruppen sind frappierend. Die „Jammernden" litten unter der Hitze. Sie mochten die hohen Temperaturen nicht und konnten nichts Gutes daran finden. Sie wollten, dass es möglichst schnell wieder kühler wurde. Sie nörgelten und jammerten, dachten schon beim Aufwachen „Oh Gott, heute wird es schon wieder so heiß!" und schleppten sich frustriert durch einen sechswöchigen Supersommer.

Den „Akzeptierenden" war auch heiß – ihnen aber war „richtig" heiß. Das heißt: Sie bewerteten die Hitze nicht als „falsch", als „belastend", als „gesundheitsschädlich" oder „ekelhaft". Sie akzeptierten, was sie nicht ändern konnten und stellten sich darauf ein. Auch sie empfanden die Hitze als etwas Außergewöhnliches, und sie waren weit davon entfernt zu behaupten: „Ich liebe diese Hitze!" Aber diese Menschen quälten sich nicht so wie die „Jammernden". Sie bemitleideten sich nicht ständig und kämpften auch keinen aussichtslosen Kampf gegen die Temperaturen. Stattdessen fügten sie sich in das Unabänderliche und versuchten, das Beste daraus zu machen. Während die „Jammernden" ihre ganze Aufmerksamkeit aufbrachten, um sich mit der Hitze auseinanderzusetzen, hatten die „Akzeptierenden" noch etwas anderes im Kopf. Sie ließen nicht zu, dass die hohen Temperaturen ihr ganzes Denken blockierten. Stattdessen stellten sie sich auf das veränderte Klima ein und versuchten trotz hoher Temperaturen sich die Freude am Leben nicht nehmen zu lassen.

Mit den Akzeptierenden wäre der Zen-Meister aus folgender Geschichte sicher sehr zufrieden gewesen:

Ein Student kommt zu einem Zen-Meister und fragt ihn: „Wie kann es mir gelingen, Hitze und Kälte zu überwinden?" Der Meister antwortet: „Geh zu einem Platz, wo es weder Hitze noch Kälte gibt." „Wo finde ich diesen Platz?", fragt der Student. Darauf sagt der alte Weise: „Wenn dir heiß ist, dann ist dir richtig heiß. Wenn dir kalt ist, dann ist dir richtig kalt." Wem es gelang, die Hitze zu akzeptieren und sich den Umständen anzupassen, der hatte im Sommer 2003 den Ort gefunden, an dem weder Kälte noch Hitze herrschten.

Wie man sich selbst die Laune verdirbt

Der Umgang mit dem Jahrhundertsommer ist nur ein Beispiel, wie man sich selbst das Leben schwer machen kann. Unnötige Aufregungen entstehen sehr häufig durch negative Bewertungen, die vollkommen sinnlos und überflüssig sind. Wie oft vergiftet man sich selbst die Stimmung, nur weil man sich in Gedanken oder Worten über Dinge und Situationen mokiert, auf die man keinerlei Einfluss hat und die einen oftmals gar nichts angehen?

„Schon wieder regnet es. Ich halte das bald nicht mehr aus."

„Warum fährt dieser Idiot denn nicht schneller? Immer diese Sonntagsfahrer!"

„Das neue Kleid von Kollegin X finde ich scheußlich. Wie kann man nur so eine Farbe tragen?“

„Ich verstehe nicht, was Y an Z findet. Der ist doch alles andere als unterhaltsam.“

„Muss diese Rentnerin einkaufen gehen, wenn alle Berufstätigen unterwegs sind? Ich hab’s doch eilig!“

Die Beispiele klingen banal. Was ist schon dabei, wenn man mal ein wenig über andere lästert, sich über ihre Eigenheiten ärgert oder anderer Meinung ist? Und das Wetter gibt einem doch eigentlich ständig Anlass zur Nörgelei. Das ist doch normal.

Es ist *leider* normal. Würde man sich seltener (oder möglichst überhaupt nicht) unnötig aufregen, dann wäre das Leben unbelasteter, freudvoller und freundlicher. Dann könnte man die Gegenwart besser genießen. Die Gefahr bei solchen überflüssigen und oftmals unbewusst ablaufenden Wertungen ist: Sie können zur Gewohnheit werden. Ist das der Fall, dann wirkt sich dies über kurz oder lang auch auf das eigene Fühlen aus. Mit überflüssigen Wertungen kann man sich selbst garantiert die Laune verderben und sich im Extremfall sogar in eine feindselige, überkritische Haltung allen und allem gegenüber hineinsteigern. Das Leben und das Erleben wird dann nicht mehr grundsätzlich bejaht, sondern mehr und mehr kritisiert und infrage gestellt. Über die Gegenwart legt sich ein bleierner Schatten.

Das Leben ist schwer genug. Warum nur machen es sich viele Menschen noch schwerer, indem sie sich über Geschehnisse und Menschen aufregen, die sie nichts angehen und die sie nicht verändern können? Woher kommt die fast schon masochistische Neigung, wertvolle Zeit mit völlig unnötigen und überflüssigen Nörgeleien, Bewertungen zu vergeuden und sich die eigene Stimmung durch unnötigen Ärger zu verderben? Warum meinen sie, den Schnellfahrer durch extremes Langsamfahren ausbremsen zu müssen? Warum maßregeln sie fremde Menschen, wenn die sich nicht an irgendwelche Regeln halten? Warum regen sie sich auf, wenn jemand seine Kinder anders erzieht als sie es selbst tun würden? Weshalb können sie es nicht ruhig mitansehen, wenn eine Kollegin sich durch Übereifer und Karrierestreben hervortun will? Warum fühlen sie sich für alles und jedes verantwortlich – nur nicht für ihr eigenes Leben? Denn wäre dem so, dann würden sie keinerlei Lust verspüren, ihre wertvolle Zeit mit überflüssigen Bewertungen zu verschwenden.

Das heißt nicht, dass man sich über Missstände und Unverschämtheiten nicht mehr aufregen sollte. Wichtig ist zu unterscheiden: Kann ich gegen das, was mich aufregt, etwas unternehmen? Und lohnt es sich für mich und andere, wenn ich aufbegehre? Wenn beispielsweise eine Kollegin gemobbt wird, dann hat man durchaus Möglichkeiten, diese Übergriffe zu verhindern. Zum Beispiel indem man den Vorgesetzten informiert und die Mobber mit ihrem Tun konfrontiert. Das Ergebnis des Eingreifens ist positiv: Für einen selbst, weil man Zivilcourage gezeigt hat und für die Kollegin, die sich nicht mehr so allein gelassen fühlt.

Überflüssig und möglicherweise sogar schädlich kann Aufbegehren dagegen sein, wenn man sich über Sachen oder Menschen aufregt, die nun einmal so sind, wie sie sind und die man selbst auf keinen Fall beeinflussen kann. Wenn es heiß ist, dann ist es eben heiß, wenn es regnet, dann regnet es, wenn der Autofahrer auf der Autobahn rasen muss, dann kann man das nicht ändern, wenn man die Eigenheiten eines Mitmenschen nicht ertragen kann, sollte man ihm aus dem Weg gehen. „Wozu sich unnötig aufregen?“, fragen sich Menschen, die sich selbst und ihr Leben wichtig nehmen.

Wer sich bei überflüssigen, negativen Bewertungen ertappt, sollte sich im Klaren darüber sein, dass er sich damit selbst regelrechte Giftspritzen setzt. Freude und Wohlbefinden werden durch die negativen Gedanken vertrieben, das gegenwärtige Erleben erhält einen gehörigen Dämpfer. So kann es passieren, dass man morgens munter in sein Auto steigt, aber völlig genervt und verärgert am Arbeitsplatz ankommt, weil einem auf dem Weg dorthin viele negative Bewertungen durch den Kopf geschossen sind. Sei es, dass man sich über „diesen Dudelfunk“ im Autoradio aufgeregt hat („Wer hört sich denn so was an?!"), sei es, dass ein Autofahrer „seinen Führerschein im Lotto gewonnen" hat, sei es, dass eine alte Frau mit ihrem kleinen Hund ohne nach links und rechts zu schauen über die Straße lief („Muss die im Berufsverkehr unterwegs sein?"), sei es, dass einfach alle Ampeln sich gegen einen verschworen hatten und grundsätzlich auf rot sprangen, wenn man sich ihnen näherte.

Die Fahrt zur Arbeit ist nur eine von vielen Alltagssituationen, die unendliche Gelegenheiten für negative Bewertungen bieten. Es lohnt sich, den oft unbemerkt schwätzenden Gedanken auf die Spur zu kommen und ihnen rechtzeitig das Handwerk zu legen. Wenn man lernt, zwischen sinnvollen Aufregungen und unnötigen negativen Bewertungen zu unterscheiden, schützt man sein wertvolles Leben vor unnötigem, in diesem Fall „hausgemachtem" Stress. Man verhindert, dass wertvolle Lebensmomente unbeachtet vorübergehen – nur weil man mit Unwichtigem beschäftigt war.

Das ist doch kein Grund zur Sorge!

„Hausgemacht", das heißt überflüssig, unnötig und gesundheitsschädlich, ist auch diese Stressquelle: Grübeln. Die Neigung, alles viel zu persönlich zu nehmen oder über eigene Fehler, Missgeschicke, Peinlichkeiten oder das Verhalten der Mitmenschen ständig nachzugrübeln, kann einem Menschen den Seelenfrieden rauben und sein seelisches Immunsystem nachhaltig schwächen.

„Warum nur hat mich der Nachbar nicht gegrüßt? Ich habe ihm doch nichts getan? Das ist doch ein unfreundliches Benehmen!"

„Oh Gott, wenn ich nur daran denke, wie ich auf der Betriebsversammlung gestottert habe. Was müssen die Kollegen jetzt von mir denken!"

„Weshalb ruft mich die Freundin nicht von sich aus an? Habe ich sie beim letzten Mal verärgert?"

„Wie soll ich nur die nächste Woche schaffen, bei diesen vielen Aufgaben?“

„Dieses Projekt werde ich nicht bewältigen.“

„Warum haben meine Kinder in der Schule so viele Probleme?“

Viele Menschen kennen das: Sobald sie mal zur Ruhe kommen – bevorzugt am Abend oder in der Nacht –, tauchen sorgenvolle Gedanken, Zweifel und Erinnerungen an Ärgernisse auf. Aber auch Grundsätzliches geht einem durch den Kopf: Wer bin ich eigentlich? Was tauge ich? Wie sinnvoll ist mein Leben? Warum bin ich nicht so glücklich, wie ich es sein möchte? Weshalb bin ich nicht so erfolgreich oder so beliebt wie andere? Warum passiert ausgerechnet mir immer so viel Negatives? Anlässe zum Grübeln gibt es viele, sie lassen sich in zwei Kategorien einordnen:

■ *Die Welt ist schlecht.* Man hat das Gefühl, missachtet, schlecht und unfair behandelt worden zu sein. Die Menschen und die Dinge an sich haben sich gegen einen verschworen. Ob man bei einer Prüfung durchgefallen ist, in der Firma immer die schlechtesten Projekte bekommt, sich vom Partner ungeliebt fühlt, mit Krankheiten kämpfen muss – was immer einem auch geschieht, man sieht und wertet alles als einen ungerechten Angriff auf die eigene Person. Unter dieser Perspektive bleibt alles andere, das nicht in dieses negative Bild passt, unberücksichtigt. Das Gelingende, das Erfreuliche und Gute wird als selbstverständlich angesehen und unter Umständen auch als Zufall oder Glück abgewertet.

■ *Ich bin schlecht.* Dieser Gedanke taucht bevorzugt dann auf, wenn man sich unwohl fühlt und nicht genau weiß warum. Dann geht man auf die Suche nach Gründen – und findet sie bei sich selbst: „Ich bin zu dick.“ „Niemand liebt mich.“ „Ich bin einfach nicht genau genug.“ „Ich bin unkonzentriert.“ „Das hätte mir nicht passieren dürfen.“ „Typisch, dass wieder mal alles schief läuft!“

Ufern diese Grübeleien aus, führen sie ins Gedankenchaos. Dann bleibt kein Bereich mehr frei von Zweifeln. Der Job taugt nichts, die Beziehung ist erlahmt, man ist den Kindern keine gute Mutter, kein guter Vater, man bekommt einfach nichts mehr auf die Reihe. Chaotisches Grübeln führt zur Lähmung. Weil alles so schrecklich und nicht zu bewältigen erscheint, erstarrt man in Untätigkeit. Von negativen Gefühlen und Gedanken überwältigt, greift man dann vielleicht zu häufig zu Alkohol, Zigaretten oder anderen Drogen, weil man nicht weiß, wie man sonst den Druck los werden kann.

Und noch eine große Gefahr ist mit dem Grübeln verbunden: Wenn man all das glaubt, was man da zusammendenkt, dann kann es passieren, dass aus der Einbildung irgendwann doch Realität wird. Denn im Sinne einer Sich-selbst-erfüllenden-Prophezeiung steht man sich durch die eigenen negativen Gedanken dann vielleicht selbst so im Weg, dass tatsächlich Fehler unterlaufen und Misserfolge programmiert sind.

Grübeln macht das Leben schwer

Sorgenvolles Grübeln ist leider keine Angelegenheit einer Minderheit. In einer Studie mit 1300 zufällig ausgewählten Erwachsenen konnte die Psychologin Susan Nolen-Hoeksema, die als Professorin an der Universität von Michigan lehrt, feststellen: 73 Prozent der jüngeren Erwachsenen und 52 Prozent der Menschen in der Lebensmitte neigen zum unnötigen Grübeln. Diese Personen wussten auch sofort, wovon die Rede war, als sie nach unproduktiven Grübeleien gefragt wurden. Die über 60-Jährigen dagegen scheinen gegen das Grübeln gefeit zu sein: Nur 20 Prozent dieser Altersgruppe neigten zu negativen Gedanken. Ältere Menschen scheinen vor destruktiven Gedanken geschützter zu sein. Vielleicht, weil ihre Erfahrung ihnen sagt, dass das meiste nicht so wichtig ist, wie man es in jungen Jahren noch glaubt?

Sogar Kinder und Jugendliche sind betroffen, wie Susan Nolen-Hoeksema herausfand: Sie zeigte Jugendlichen im Alter zwischen 12 und 16 Jahren eine Sorgenliste und fragte sie, über welche der aufgeführten Probleme sie auch schon nachgegrübelt hätten. Vor allem Mädchen gaben zu, alle genannten Sorgen gut zu kennen. Sie grübelten über ihr Aussehen, über ihre Freunde, über ihre Noten, sorgten sich um die Eltern, fragten sich, ob sie normal seien. Die einzige Sorge, in der die Jungs den Mädchen „überlegen" waren, drehte sich um ihre Erfolge im Sport und in anderen außerschulischen Aktivitäten.

Grübeln ist nicht nur eine Generationenfrage, es ist auch ganz offensichtlich eine Zeitkrankheit. Menschen heute machen sich sehr viel mehr Sorgen als ihre Vorfahren. Und da Grübeln eine Hauptursache von Depressionen ist, hat auch diese Krankheit in den letzten Jahrzehnten deutlich zugenommen. Wie amerikanische Forscher errechneten, hatten vor 1915 weniger als 20 Prozent der Menschen eine depressive Episode in ihrem Leben. Dagegen erleben 40 Prozent der Menschen, die nach 1955 geboren sind, Depressionen mit Krankheitswert. Hinzu kommen noch viele Menschen, die zeitweise unter leichteren depressiven Störungen leiden. Allein in Deutschland sind schätzungsweise vier Millionen Menschen an irgendeiner Form von Depression erkrankt. Für die Weltgesundheitsorganisation besteht kein Zweifel daran, dass Depression längst eine „Volkskrankheit" geworden ist.

Frauen sind übrigens das sorgenvollere Geschlecht. Das mag an ihrem schwächeren Selbstwertgefühl liegen, aber auch daran, dass ihre „sozialen Antennen" länger sind. Frauen neigen mehr als Männer dazu, für andere Menschen – für die Kinder, für den Partner, die alten Eltern, die Freundin, die Nachbarin – mitzudenken und sich mitzusorgen. Das verstärkt die Last, die ohnehin auf ihren Schultern liegt und macht sie anfällig für gesundheitsschädliche Grübeleien. Aber natürlich sind auch Männer nicht grundsätzlich vor dem Grübel-Teufelskreis geschützt, sie gehen nur anders damit um. Während Frauen Gefahr laufen, depressiv zu werden, ertränken Männer negative Gedanken eher in Arbeit oder im Alkohol.

Wer Probleme immer und immer wieder durchdenkt, ohne zu einer Lösung zu kommen, gibt ihnen eine viel zu große Bedeutung und er riskiert, dass sein Leben immer schwerer und schwerer wird. Das ist nicht nur gefährlich für die Gesundheit, sondern auch eine sträfliche Verschwendung von wertvoller Lebenszeit.

- Grübeln macht das Leben schwerer – zum „normalen" Stress kommt noch der „hausgemachte" Stress, hervorgerufen durch das Grübeln.
- Grübeln erschwert Problemlösungen. Denn mitgefangen im Grübelgefängnis sind auch die Kreativität und die Fähigkeit, Wege aus Krisen zu erkennen.
- Grübeln belastet die Beziehungen zu anderen. Der Partner, Freunde und Verwandte können oft die Gedanken von Grüblern nicht nachvollziehen, sind genervt, wollen nichts mehr davon hören, ziehen sich zurück.
- Grübeln kann im Extremfall zu Depressionen und Angstzuständen führen. Menschen, die zum Grübeln neigen, kommen nur sehr schwer über Verluste, Trennungen und Krankheiten hinweg.
- Grübeln färbt die Vergangenheit schwarz. Vieles, worüber man grübelt, hat mit Ereignissen der Vergangenheit zu tun. „Mein Gott, was hätte passieren können, wenn ich mein Kind nicht rechtzeitig vor dem Auto in Sicherheit gebracht hätte …" „Sicher ginge es mir heute besser, wenn meine Eltern anders gewesen wären …" „Hätte ich die Stelle vielleicht doch annehmen sollen …? Dinge, die man getan oder nicht getan, Worte, die man gesagt oder nicht gesagt, Situationen, die man nicht richtig gemeistert hat – längst vergangen, blockieren sie dennoch das Handeln in der Gegenwart.
- Grübeln vergiftet die Zukunft: Ungesunde Grübeleien können auch in die Zukunft gerichtet sein: Ist der Arbeitsplatz sicher? Wird das Kind versetzt werden? Wird man jemals wieder gesund werden? Depressive Grübler haben wenig Hoffnung, was die Zukunft angeht. Sie glauben nicht, dass ihre Ehe von Dauer sein wird, dass sie einen Job finden werden, dass es ihnen irgendwann besser gehen wird; sie fürchten, krank zu werden oder dass einem Angehörigen etwas passiert; sie malen sich vor einer Reise schon alle Eventualitäten aus und bringen sich um die Vorfreude.

Ein gesundes und erfülltes Leben hängt in hohem Maße davon ab, ob es gelingt, negative Gedanken zu kontrollieren – und zwar sowohl die kleinen unnötigen Bewertungen als auch die tiefer gehenden Sorgen. Wenn man ihnen die Herrschaft überlässt, vertreiben sie die Freude aus dem Leben. Denn sorgenvolles Grübeln führt dazu, die sonnigen Seiten des Lebens zu übersehen. Ist man traurig und negativ gestimmt, erinnert man sich kaum an positive, schöne Erlebnisse; viel wahrscheinlicher ist, dass man genau jene Erlebnisse aus der Erinnerung holt, die einem bestätigen, dass die Welt schlecht ist. Diese einseitige Sicht der Dinge macht das Leben nicht gerade lebenswert. Wer sich mehr von seinem Leben erwartet, muss nicht zum positiven Denker werden, der alles nur noch durch die rosarote Brille betrachtet. Aber er sollte seine sorgenvollen Gedanken besser kontrollieren, sie nach Möglichkeit auf ein Mindestmaß reduzieren und den Grübel-Teufelskreis durchbrechen. Grübeleien machen aus der Gegenwart einen Ort, dem man am liebsten entfliehen würde. Grübeln verdunkelt den „Schauplatz unseres Glücks“ – und nimmt die Hoffnung auf einen Lichtblick.

Die Sorgen entsorgen

Was kann man gegen das Grübeln tun?

■ *Sich weniger wichtig nehmen*

Oft führt die übermäßige Beschäftigung mit dem eigenen Befinden direkt in die Grübelei. Von der populären Psychologie zur Innensicht und Selbsterkenntnis ermutigt, treiben es viele zu weit mit der seelischen Nabelschau. Eine leichte Verstimmung, ein Anflug von Angst, ein grauer Tag, ein Misserfolg – im ganz normalen Auf und Ab des Lebens bekommen die Tiefpunkte eine zu große Bedeutung. Man schenkt ihnen zu viel Beachtung und vergräbt sich in die eigene Stimmung, um den Ursachen auf die Spur zu kommen. Die eigene Befindlichkeit wird überanalysiert.

Da macht jemand eine blöde Bemerkung, und schon ist der Tag gelaufen. Der Vorgesetzte hat schlechte Laune, schon ist man verunsichert. Der Partner sagt „Heute nicht, Liebling", schon fühlt man sich ungeliebt. Die meisten Menschen neigen dazu, aus einer Mücke einen Elefanten zu machen und nehmen persönlich, was gar nicht persönlich gemeint war. So kommt es, dass in vielen Fällen harmlose Ereignisse die Stimmung und das Wohlbefinden erheblich beeinträchtigen. Manchmal lohnt es sich durchaus, bei der Suche nach den Ursachen von Missstimmungen tief zu graben. Aber häufig ist vieles, was uns bedrückt, nur die Folge von ganz normalen Ereignissen, denen man durch Überaufmerksamkeit zu viel Bedeutung beimisst. Für das meiste, was passiert, gibt es alternative, einfachere Erklärungen, die mit der eigenen Person, dem eigenen Verhalten nichts zu tun haben: Die blöde Bemerkung ist Ergebnis einer schlaflosen Nacht, der Chef hat Druck von oben bekommen, der Partner hat Kopfschmerzen, man hat schlecht geschlafen, sich zu wenig an der frischen Luft bewegt ...

Wenn man ins Grübeln gerät, sieht man Probleme, die nicht wirklich existieren – oder die auf jeden Fall kleiner sind, als man sie wahrnimmt. Man bezieht sie auf sich, obwohl sie mit einem selbst gar nichts zu tun haben. Und manövriert sich auf diese Weise in schlechte Stimmung. „Wenn jemand über sich nachdenkt, ohne darin geschult zu sein, sind die ersten Gedanken, die im Geist entstehen, in der Regel deprimierend", erklärt der Sozialpsychologe Mihaly Csikszentmihalyi. „Wenn man also die Fähigkeit der Reflexion nicht beherrscht, verschlimmert das ‚Nachdenken über Probleme' normalerweise alles, was in unserem Leben nicht stimmt, anstatt es zu lindern."

Deshalb: Wann immer sich Gedanken in negativer Richtung selbstständig machen, sollte man sich zuerst auf die Suche nach einer einfachen Erklärung begeben. Warum geht es mir heute nicht gut? Weil ich grundsätzlich nichts wert bin? Falsch: Ich habe Kopfschmerzen, es regnet seit zwei Wochen, ich bin überarbeitet ... In vielen Fällen ist der Grund wirklich simpel. Man sollte es sich angewöhnen, erst einmal die einfachen Ursachen ausfindig zu machen. Wenn man auf diese Weise nicht fündig wird, kann man immer noch tiefer schürfen.

Menschen, die grübeln, neigen stark zu sozialen Vergleichen. Anderen gelingt das Leben besser, andere sind erfolgreicher, schlanker, klüger. Wer nicht grübelt, stellt derartige Vergleiche seltener an. Glücklichere Menschen haben ihren eigenen Maßstab, nach dem sie leben. Sie versuchen, die eigene Messlatte zu erreichen, nicht eine fremde.

Grübeleien entstehen in den meisten Fällen aus Überforderung und Überanstrengung. Sobald man sich ausgelaugt und erschöpft fühlt, sobald man merkt, dass man ein allzu hoch gestecktes Ziel nicht erreichen kann, gerät man in eine allgemeine Missstimmung, die sich leicht gegen andere Menschen richtet, denen das Leben – scheinbar – leichter fällt. Vor diesen negativen Gefühlen ist man nur geschützt, wenn man sich nicht zu viel zumutet, sprich: wenn man nach seinen eigenen Maßstäben lebt und auf das, was man kann und erreicht hat, stolz ist. „Sicher beneidet kein Pfau einen anderen um seinen Schweif, weil jeder seinen eigenen für den schönsten auf der Welt hält, und deshalb sind die Pfauen friedliebende Vögel", schreibt Bertrand Russel.

Wer dazu neigt, sich mit anderen, fremden Maßstäben zu vergleichen, sollte einen Schritt zurücktreten und sich fragen: „Ist es wirklich wichtig, dass ich ähnlich lebe und erfolgreich bin wie der Nachbar oder die Kollegin? Will ich mir wirklich darüber Sorgen machen? Was sind denn meine eigenen Ziele? Was ist mir persönlich wichtig? Das zu wollen, was man hat, gehört wohl mit zu den schwierigsten Elementen der Lebenskunst. Zumal in einer Zeit, in der man durch Medien und Werbung in einer permanenten Unzufriedenheit gehalten wird. Es gibt immer noch was Besseres, Schöneres, Zufriedenstellenderes als das, was man bereits erreicht hat. Der Glaube, dass sich das Leben durch mehr desselben verbessern lässt, ist weit verbreitet: noch mehr verdienen, ein noch schöneres Auto, noch weitere Reisen, noch intensivere Beziehungen. Meist aber bringt das Streben nach mehr nur noch mehr Sorgen. Wer nachts wach liegt, weil seine Sorgen ihn nicht schlafen lassen, sollte mal darüber nachdenken, ob es einen Zusammenhang zwischen seinen Grübeleien und hoch gesteckten Zielen gibt: Muss die Tochter wirklich zu den Klassenbesten gehören? Ist es so wichtig, die nächste Beförderung zu erhalten? Soll man sich wirklich krummlegen, um eine Eigentumswohnung zu finanzieren?

■ *Freundlich zu sich selbst sein*
Regelmäßige erfreuliche Erfahrungen im Alltag gehören zu den wirkungsvollsten Sorgenkillern. Wer Dinge, die ihm gut tun, zu einem täglichen Ritual werden lässt, der erstickt grüblerische Gedanken und Niedergeschlagenheit oft schon im Keim. Feste Zeiten, in denen man sich in der Natur bewegt, Musik hört, meditiert, mit der Freundin telefoniert, ein spannendes Buch liest – kurz: Zeiten, in denen man gut für sich sorgt – unterbrechen den Grübel-Kreislauf und lassen die Sorgen auf das ihnen zustehende Maß schrumpfen.

■ *Die sorgenvollen Gedanken auf Diät setzen*
Wer zum Grübeln neigt, kann seine Sorgen aushungern, indem er sich darin übt, ihnen weniger Aufmerksamkeit zu schenken. Die Sorgen-Diät sollte möglichst schon beim Aufwachen einsetzen. Jetzt bloß nicht gleich daran denken, was am Tag zu erledigen ist und welche Probleme auf einen warten. Sehr viel sinnvoller ist es, den Tag zu begrüßen, sich zu freuen, dass man am Leben ist und dass es auch den Menschen, die man liebt, gut geht.

Natürlich werden sich sorgenvolle Gedanken dazwischendrängen wollen. Aber sie müssen warten. Denn die ersten Gedanken des Tages bestimmen die Stimmung, in der wir ihn erleben werden. Wer schon gleich am Morgen seine Sorgen füttert, der wird sie auch tagsüber nie satt bekommen.

Ähnlich sollte man auch am Abend verfahren. Statt in Gedanken noch einmal durchzugehen, was alles nicht gut gelaufen ist, sollte man sich fragen, was man aus dem, was man erlebt hat, lernen kann, welche Schlußfolgerungen man daraus zieht.

Ein völlig sorgenfreies Leben gibt es nicht. Aber ein grübelfreies Leben ist möglich, wie auch Bertrand Russel meinte: „Der Kluge beschäftigt sich nur dann mit seinen Sorgen, wenn es einen Zweck hat, sonst denkt er an etwas anderes oder, solange es Nacht ist, überhaupt an nichts." Und er rät: „Einer Menge kleiner Sorgen kann man die Spitze abbrechen, indem man sich die Bedeutungslosigkeit ihres Anlasses recht zu Gemüte führt."

V
Das Leben bejahen
Auch wenn es schwer ist

Den Augenblick leben, dankbar sein für das was man hat, Unwichtiges nicht so wichtig nehmen – kurz: mit allen Sinnen in der Gegenwart zu leben, erscheint leichter zu realisieren, solange es einem gut geht. Doch das Leben ist in weiten Teilen nicht eitel Sonnenschein. Häufig steht das Barometer auf Sturm, dunkle Wolken vertreiben jeden Lichtblick, und die Gegenwart ist alles andere als der „Schauplatz unseres Glücks". Die Aufforderung, das Beste aus seinem Leben zu machen, wirkt in solchen Situationen zynisch. Man würde nichts lieber tun, als die Gegenwart zum Besseren verändern, doch die Umstände liegen wie große Felsbrocken im Weg:

Im Berufsleben bremsen Rationalisierungsmaßnahmen und Umstrukturierungen die Karrierewünsche aus. Millionen von Arbeitnehmern finden keine erfüllende Tätigkeit mehr und erfahren keine Anerkennung ihrer Kompetenz. Menschen ab 50 erleben, dass sie bereits zum alten Eisen zählen.

Private Lebensträume lösen sich in Luft auf, Liebesbeziehungen scheitern, geliebte Menschen sterben. Es gibt Zeiten, da sorgen die Umstände dafür, dass man für die Freuden und Vergnügungen des Lebens nicht nur keinen Blick mehr hat; man glaubt sogar, dass sie gar nicht mehr existieren. Verbitterung, nicht Dankbarkeit ist dann das vorherrschende Gefühl. Anklagende Gedanken wie „Warum passiert mir das?“, „Das ist ungerecht!“, „Das überlebe ich nicht!“ verdunkeln das Dasein und lassen das Leben alles andere als lebenswert erscheinen. Wenn man in einer solch deprimierenden Lage ist, erscheint einem die Gegenwart als Gefängnis, dem man möglichst schnell entrinnen möchte.

Und doch: Selbst wer vom Schicksal gebeutelt wird, hat die Wahl, wie er auf das, was ihm geschehen ist, reagiert. Auch unter widrigsten Umständen ist man noch Herr oder Herrin über das eigene Leben und hat es in der Hand, ob man es resigniert und ohne Hoffnung verbringen will, oder ob man versucht, in dem, was einem widerfährt, einen persönlichen Sinn zu sehen.

Krisen sind Chancen

„Es gibt keine Fehler, keine Zufälle. Alle Ereignisse sind Segnungen, die uns gegeben werden, damit wir daraus lernen.“ Diese Erkenntnis der Sterbeforscherin Elisabeth Kübler-Ross ist ein wichtiges, aber wenig akzeptiertes Element der Lebenskunst. Welche Segnung soll im Leid, im Schmerz, in der Niederlage liegen? Wie kann man wertschätzen, was einem an Negativem widerfährt? Niemand wird von einem Menschen ernsthaft erwarten, dass er dankbar ist für Leid und Ungerechtigkeiten, die ihm widerfahren. Und dennoch: Auch im größten Unglück kann man den Wert des Lebens erkennen. Vorausgesetzt, man verschließt sich in seiner Trauer, seiner Wut, seiner Verbitterung nicht den Erfahrungen, die mit der jeweiligen Lebensprüfung verbunden sind. Wer grundsätzlich offen ist für alles, was das Leben bereit hält, dem gelingt es, auch ein negatives Ereignis als selbstverständliches Element seines Daseins zu akzeptieren.

So sehen Arbeitslose in ihrer Situation vielleicht die Chance für einen längst fälligen Neubeginn, erleben Trauernde bewusst die Zuwendung und Unterstützung ihrer Freunde, erkennen Kranke in ihrem Leid einen tieferen Sinn. Und auch, wer seinen materiellen

Besitz verloren hat, kann im Desaster noch etwas Gutes sehen. So berichteten in einer amerikanischen Studie Hurrikanopfer, die ihr gesamtes Hab und Gut verloren hatten, über Gefühle der Dankbarkeit. Sie konzentrierten sich nicht ausschließlich auf den Verlust, sondern konnten sehen, was ihnen geblieben war: ihre Gesundheit, ihr Leben, ihre Kinder, die Unterstützung der Nachbarn.

Die amerikanische Wissenschaftlerin Barbara Fredrickson von der Universität von Michigan befragte im Frühjahr 2001 erwachsene Amerikaner nach ihrem Wohlbefinden und wollte von ihnen wissen, wie optimistisch sie in die Zukunft sehen. Im Herbst bat sie dieselben Menschen noch einmal zum Interview. In der Zwischenzeit war Schreckliches passiert: der 11. September. Verständlicherweise waren die Befragten nun, nach den Terroranschlägen auf das *World Trade Center*, deutlich niedergeschlagener und pessimistischer als sie es im Frühjahr des Jahres 2001 gewesen waren. Über 70 Prozent litten unter Depressionen. Doch es gab eine Gruppe unter den Befragten, die sich selbst nach dem 11. September noch optimistisch äußerte: Diese Menschen, die schon in der Frühjahrsbefragung durch eine grundsätzlich positive Einstellung zum Leben aufgefallen waren, empfanden nun, nach den Terroranschlägen, nicht nur Wut und Trauer, sondern berichteten von einer tiefen Dankbarkeit: Sie hatten selbst im tiefsten Entsetzen die Hoffnung nicht verloren. Sie freuten sich über die Welle der Hilfsbereitschaft, die durchs Land ging, lebten intensiver als vor den Terroranschlägen und konnten nun Wesentliches vom Unwesentlichen besser unterscheiden.

An dieser Befragung zeigt sich besonders deutlich, welch großen Unterschied es macht, ob man eine grundsätzlich wertschätzende Haltung dem Leben gegenüber einnimmt – und zwar gleichgültig, ob Gutes oder Schlechtes geschieht – , oder ob man die Gegenwart als Durchgangsstadium zu einem besseren Leben irgendwann in der Zukunft ansieht. Wer im Hier und Jetzt unzufrieden ist, ist bereits seelisch geschwächt, wenn sich Schwierigkeiten oder Prüfungen in den Weg stellen. Er wird mit den

Herausforderungen, die in keinem Leben fehlen, weniger gut fertig als ein Mensch, der dem Leben grundsätzlich mit offenen Armen begegnet – und zwar gleichgültig, was es gerade für ihn bereithält.

Bewusst leben in der Gegenwart bedeutet also nicht, sich nur die Rosinen herauszupicken und dafür dankbar zu sein. Leben in der Gegenwart beinhaltet sehr wohl auch, aktuellen Schmerz, Kummer, Sorgen, Ärger zu akzeptieren und sich den negativen Gefühlen und Erlebnissen zu stellen. Wie Sigmund Freud festgestellt hat, wollen Menschen aber gerade das in ihrem Streben nach Glück vermeiden. Ihr Glücksstreben „hat zwei Seiten, ein positives und ein negatives Ziel, es will einerseits die Abwesenheit von Schmerz und Unlust, andererseits das Erleben starker Lustgefühle." Unlustgefühle und Schmerz sollen nach Möglichkeit schnell eliminiert werden. Doch wenn man die Gegenwart nicht in all ihren Facetten, auch ihren negativen, erleben kann, bringt man sich um die Chance, angemessen auf das Geschehen zu reagieren. Zu all dem Übel, das man nicht ändern kann, steuert man dann noch selbstgeschaffenes Übel bei. Denn Hilflosigkeit und Ohnmachtsgefühle, Verbitterung und Resignation verschlimmern die Lage zusätzlich und verhindern eine angemessene Bewältigung. Die Folge sind Verzweiflung, Depression, Passivität, Krankheiten oder manchmal auch kräftezehrende Rebellion gegen das Schicksal, die Umstände, die Gesellschaft oder bestimmte Menschen, denen man das eigene Unheil anlastet.

Wie entscheidend es für das eigene Wohlergehen sein kann, auch eine negative Gegenwart zu akzeptieren, zeigt folgendes Beispiel:

Ein Krankenhauspfarrer besuchte an einem Tag zwei Krebspatientinnen. Beide Frauen hatten einen ähnlichen Krankheitsverlauf, beide Frauen wussten, dass sie den Kampf gegen den Krebs verloren hatten. Als er bei der ersten Patientin ins Zimmer trat, fand er sie weinend und klagend vor. Verzweifelt fragte sie ihn: „Warum ich? Warum muss ich gehen? Das ist nicht gerecht!" Sie beschwerte sich über ihre Verwandten, die nicht genügend Einfühlsamkeit für sie aufbrachten, niemand würde wohl um sie trauern, wenn sie nicht mehr wäre. Der Pfarrer versuchte zu trösten und Mut zuzusprechen, doch es gelang ihm nicht, die kranke Frau mit seinen Worten zu erreichen. Deprimiert verabschiedete er sich und machte sich auf den Weg zur zweiten Patientin. Was würde ihn wohl dort erwarten?

Mit mulmigen Gefühlen öffnete er die Tür zum Krankenzimmer. Doch seine Bedenken waren überflüssig. Denn kaum hatte die Krebskranke ihn erblickt, begrüßte sie ihn freudig. „Ich warte schon sehnlichst auf Sie“, sagte sie, „ich will mit Ihnen über das Sterben reden. Ich habe Angst davor, aber ich will mich vorbereiten. Ich will dem Kommenden nicht so ausgeliefert sein. Das wollte ich nie in meinem Leben.“ Bereitwillig sprach sie mit dem Pfarrer über ihre Befürchtungen, über das, was auf sie zukommen wird, welche Wünsche sie für die letzten Stunden ihres Lebens hatte.

Beide Frauen wollten noch sehr gerne weiterleben. Doch im Gegensatz zur verzweifelten ersten Patientin war die zweite in der Lage, die Herausforderungen des gegenwärtigen Momentes anzunehmen und bewusst zu erleben.

Nicht jeder hat am Ende die Stärke, dem Schicksal offen zu begegnen. Aber ganz sicher ist man am ehesten dazu in der Lage, wenn man sein Leben in jeder Phase wirklich gelebt und es nicht vergeudet hat. Die beiden Krebspatientinnen zeigen, dass man in jedem Moment eine Wahl hat: Will man alles, was das Leben für einen bereithält, wirklich erleben, mit allen Sinnen? Oder will man sich davonstehlen, ablenken, zerstreuen, betäuben, um den Schmerz nicht zu spüren? Stellt man sich der Gegenwart oder flüchtet man sich in die Zukunft, weil man glaubt, dort warte das große Glück? „Wenn die Zeiten schlecht sind, lässt man alle Hoffnung fahren. Wohin? In die Zukunft. Dort, vertagt auf bessere Zeiten, lässt sich das Glück in den schönsten Farben ausmalen“, schreibt der Philosoph Dieter Thomä. Das aber ist der denkbar schlechteste Weg, um Lebensschwierigkeiten zu bewältigen. Nur wer das Leben bejahen kann – auch wenn es schwer ist – lebt wirklich.

Die Heilkraft des „bitteren Balsam"

Um auch schlimme Zeiten bewusst leben zu können, muss man grundsätzlich akzeptieren, dass das Leben kein paradiesischer Zustand ist und Schmerz und Leid ebenso dazugehören wie Freude und Glück. Für Carl Gustav Jung gibt es kein „sinnvolles Leben, das nicht irgendwelche Opfer verlangt", wie er schreibt. „Nur wer sein Leben wirklich verlieren kann, wird es gewinnen. Ein ‚vollständiges' Leben besteht nicht in theoretischer Vollständigkeit, sondern darin, daß man vorbehaltlos gerade das Schicksalsgewebe akzeptiert, in das man sich verflochten sieht, daß man versucht, einen Sinn hineinzubringen und aus dem chaotischen Durcheinander, in das man geboren ist, einen Kosmos zu erschaffen. Lebt man das Leben richtig und ganz, dann gerät man immer wieder in eine Situation, bei der man meint: ‚Das ist zu viel. Ich kann es nicht länger ertragen.' Dann ist die Frage zu beantworten: ‚Kann man es wirklich nicht ertragen?'"

Manchmal glaubt man, ein Unglück nicht ertragen zu können, weil man sein Leid als völlig individuelles Leid betrachtet und das Schicksal oder Gott oder die Gesellschaft ob dieser Ungerechtigkeit anklagt. Vielen ergeht es wie der jungen Mutter, die sich verzweifelt an Buddha wandte: Ihr Kind war verstorben. Das konnte und wollte sie nicht akzeptieren. Sie verlangte von dem Weisen, er solle das Geschehene rückgängig machen. Das tote Kind im Arm, flehte sie ihn an, ihr Liebstes wieder zum Leben zu erwecken.

Buddha hörte sich ihre Klage an. Dann gab er ihr den Auftrag, einen Senfsamen zu besorgen. Und zwar nicht irgendeinen Senfsamen. Nein, er musste aus einem Haus stammen, in dem noch niemand gestorben war. Die junge Mutter tat wie ihr geheißen. Verzweifelt klopfte sie an viele Türen, umsonst. Schließlich gab sie die Suche auf und kehrte ohne Senfsamen zu Buddha zurück.

„Du hast nach etwas gesucht, was niemand finden kann", erklärte ihr der Weise. „Aber du hast den bitteren Balsam gefunden." – „Den bitteren Balsam?", fragte die junge Frau und verstand nur langsam, was Buddha damit meinte. Bitter ist die Erkenntnis, dass niemand vor Trauer, Krankheit, Schmerz oder Tod geschützt ist. Doch gleichzeitig ist diese Tatsache auch Balsam für gequälte Seelen, wenn sie in ihrer tiefen Trauer erkennen, dass ihr Schicksal keine Ausnahme ist, sondern zu jedem Menschenleben gehört. Der jungen Mutter half diese Erkenntnis aus ihrer Verzweiflung. Vorher fühlte sie sich vom Schicksal bestraft und allein gelassen, ihr Leid schien ihr unermesslich und grausam. Nach ihrer ergebnislosen Reise von Tür zu Tür trauerte sie nicht weniger um ihr Kind, aber sie spürte im eigenen Schmerz, dass auch andere Menschen ein Schicksal zu tragen hatten. Das linderte ihre Verzweiflung.

Was das menschliche Leiden angeht, hat die buddhistische Lehre vier Weisheiten entwickelt, die jedem Menschen in Not hilfreiche Anker sein können:

- *Jeder Mensch leidet.* In jedem Leben gibt es zu irgendeinem Zeitpunkt körperliche und psychische Schmerzen. Diese Pein als Herausforderung zu begreifen, kann stark machen. Leid ist kein Feind des Menschen, sondern in den meisten Fällen ein chancenreicher Prozess und schafft Gelegenheiten, die Weichen neu zu stellen.

- *Menschen schaffen sich einen Großteil ihres Leids selbst.* Wohl jeder reagiert auf persönliche Katastrophen, indem er sich die Frage stellt: „Warum passiert mir das?" Er klagt an, setzt sich gegen das Geschehene zur Wehr, fühlt sich als Opfer und wünscht sich, alles möge wieder so wie vorher sein. Solange man sich aber seiner Verzweiflung hingibt, solange kann man sich nicht mit der Aufgabe auseinandersetzen, die mit dem Leid verbunden ist. Entwicklung und persönliches Wachstum wird verzögert, wenn nicht sogar verhindert. Man vergrößert das unvermeidliche Leid durch die eigene Verzweiflung.

- *Menschen haben die Wahl, wie sie auf Leid reagieren.* Der Philosoph Epiktet hat dies so ausgedrückt: „Nicht die Dinge beunruhigen die Menschen, sondern die Vorstellung von den Dingen. So ist etwa der Tod nichts Schreckliches … erst die Vorstellung, er sei etwas Schreckliches, das ist das Furchterregende. Geraten wir daher in Schwierigkeiten, in Unruhe und Sorge, so werden wir die

Ursachen nie bei anderen suchen, sondern bei uns, in unseren Vorstellungen. Der Ungebildete klagt andere seiner Leiden wegen an, der Anfänger in der Philosophie sich selber. Der Wissende aber tut weder das eine noch das andere."

Wer auf den Verlust eines geliebten Menschen mit völliger Verzweiflung reagiert, hat sich entschieden, dass sein Leben durch den Tod oder durch die Trennung vom Geliebten, keinen Sinn mehr hat. Er könnte sich aber auch dafür entscheiden, das Leid anzunehmen und an dessen Bewältigung zu wachsen.

■ *Menschen können ihr Denken, Handeln und Fühlen beeinflussen.* Das Beispiel der trauernden Mutter zeigt: Nachdem sie erkannt hatte, dass Leid zu jedem Leben gehört, war sie in der Lage, anders über den Verlust ihres Kindes zu denken. Ihre Verzweiflung wandelte sich in gesunde Trauer. Sie war wieder fähig, ihr eigenes Leben zu leben.

Leid als Bestandteil des Lebens zu akzeptieren heißt auch, die guten Zeiten weniger selbstverständlich zu nehmen. Wenn man weiß, dass Schmerz nicht vermieden werden kann, wird man automatisch dankbarer für das Schöne, das Gelingende, das Unbelastete im Leben. Die Freude an der Lebendigkeit und den „Vergnügungen" der Gegenwart wird intensiver empfunden, wenn – sozusagen als Hintergrundfilm – das Bewusstsein für ihre Vergänglichkeit immer vorhanden ist.

Wem es schwer fällt, das Leid zu akzeptieren, für den hat Bertrand Russell noch einen tröstenden Hinweis: „Sogar über großes Leid kommt man hinweg; Kummer, von dem man zunächst glaubt, er vernichte unser Lebensglück, verblaßt im Lauf der Zeit so sehr, daß es uns oft fast unmöglich wird, uns zu entsinnen, wie er einst schmerzte." Auch dies ist ein Grund, dankbar zu sein. Denn ganz offensichtlich besitzt der Mensch nicht nur ein physiologisches Immunsystem, das ihn vor Viren und Bakterien schützt; es gibt auch ein psychologisches Immunsystem, eine seelische Widerstandsfähigkeit, die es ihm ermöglicht, Ja zum Leben zu sagen – auch dann, wenn dieses es zeitweise nicht gut mit ihm meint.

Um gestärkt aus Krisensituationen hervorzugehen, muss das psychologische Immunsystem, das Widerstandskraft schenkt, aktiviert werden. Dies geschieht am besten durch folgende Einstellungen und Haltungen:

- *„Ich bin nicht alleine."* Wenn man einen Schicksalsschlag erleidet, gibt es verschiedene Möglichkeiten, darauf zu reagieren. Man kann sich von der Welt zurückziehen, man kann als Einzelkämpfer gegen das Leid vorgehen. Aber es gibt noch eine andere Reaktionsmöglichkeit: Man kann andere Menschen um Unterstützung bitten und bei ihnen Schutz und Geborgenheit suchen. Letzteres ist eindeutig die beste Lösung. Denn wer sich in kalten Krisenzeiten bei anderen Menschen wärmen kann, findet schneller wieder Lebensmut als jene, die sich vor lauter Schmerz von der Welt abkehren.

- *Erkennen, wo die eigenen Grenzen liegen.* Manchmal verschärft sich eine schlimme Situation noch dadurch, dass man sich nicht mit dem Geschehenen abfinden kann. Man kämpft dagegen an wie Don Quichotte gegen die Windmühlen. Dabei werden wertvolle Energien verschleudert, die man dringend bräuchte, um wieder auf die Beine zu kommen. Deshalb ist es eine kluge Entscheidung, den Kampf aufzugeben, wenn man keinerlei Kontrolle über das Geschehene ausüben kann. Das kann zum Beispiel bedeuten, den Partner, der sich einem anderen Menschen zugewandt hat, gehen zu lassen und nicht mehr länger um ihn zu kämpfen. Das kann bedeuten, die ungewollte Kinderlosigkeit als unabänderlich zu akzeptieren und sein Leben ohne Kind aktiv zu planen. Das kann im Falle einer chronischen Krankheit bedeuten, die Vision von einem völlig gesunden Leben als Illusion zu entlarven und sein Leben an die vorhandenen Einschränkungen anzupassen.

- *Einen Sinn im Leid finden.* Wenn die grundsätzliche Bereitschaft vorhanden ist, im Leid einen Sinn erkennen zu wollen, dann findet dieser sich auch. Sobald man auch nur den Hauch eines Sinns erkannt hat, fühlt man sich weniger hilflos und ausgeliefert. Die Aussage, jede Situation habe einen Sinn, reizt sicher zum Widerspruch. Welchen Sinn sollte zum Beispiel der Tod eines geliebten Menschen haben? Der Logotherapeut Viktor Frankl beantwortete diese Frage mit dem konkreten Beispiel eines Mannes, dessen Frau vor kurzem gestorben war. Der Mann war völlig verzweifelt, glaubte, ohne seine Frau kein sinnvolles Leben mehr führen zu können. Viktor Frankl fragte ihn: „Was wäre geschehen, wenn Sie vor Ihrer Frau gestorben wären?" „Nicht auszudenken", antwortete der Mann, „meine Frau wäre verzweifelt gewesen." „Sehen Sie", antwortete Frankl, „dies ist Ihrer Frau erspart geblieben, freilich um den Preis, dass nunmehr Sie ihr nachtrauern müssen."

■ *Mit sich selbst diskutieren.* Wenn die negativen Gedanken überhand nehmen, sollte man mit sich selbst reden, wie mit einem Freund, dem man zu einer realistischeren Sichtweise verhelfen will. Man sollte sich erinnern an die eigenen Stärken, an schwierige Situationen, die man bereits bewältigt hat, an Dinge, für die es sich trotz des momentanen Leids zu leben lohnt. Statt sich nach dem Verlust eines Arbeitsplatzes mit selbstzerstörerischen Gedanken zu strafen („Ich bin ein Versager, ich werde nie wieder eine Arbeit finden."), kann man an das anknüpfen, was einem nicht genommen worden ist: „Ich habe meinen Arbeitsplatz verloren, aber was ist mir geblieben? Meine Familie, mein Wissen, mein Wille, mein Stolz …" Ressourcenorientierung, so nennt das die Psychologie, fragt nicht nach dem, was nicht gelingt, sondern nach dem, was trotz allem Negativen noch an Positivem, an Kraft und Fähigkeiten vorhanden ist.

■ *Vertrauen in die positive Seite des Leids haben.* Menschen, die schweres Leid und Schicksalsschläge überstanden haben, sind ein zweites Mal geboren worden, meinte der Psychologe William James. Sie gehen gestärkt aus dieser Erfahrung hervor. Leid ist ein guter Lehrmeister und ermöglicht eine Entwicklung, die ohne diese Erfahrung nicht möglich wäre. Es ist sicher nicht leicht, im Zentrum des Orkans das Positive zu erkennen, aber man sollte die

Möglichkeit, das in jeder schlimmen Erfahrung ein Entwicklungspotential steckt, immer im Gedächtnis halten.

- *Was geschehen ist, ist geschehen.* Wer mit seinem Schicksal hadert und immer wieder in die Vergangenheit zurückgeht und sich fragt, was er oder andere falsch gemacht haben, wie er oder andere das Schicksal hätten abwenden können, bleibt in der Vergangenheit stecken. Eine Weiterentwicklung wird verhindert.

- *Sich selbst nicht noch mehr verletzen.* Wer sich keine Zeit lässt, um zu trauern und sich zu erholen, fügt sich noch zusätzliche Schmerzen zu. Ungeduld, zu große Strenge mit sich selbst, vergrößern das Leid. Die Bewältigung von schweren Schicksalsschlägen lässt sich nicht beschleunigen. Trauer braucht Zeit. Und es gibt keine Regel, wann sie abgeschlossen sein muss. Trauerprozesse sind sehr individuell, manchmal dauert es Jahre, bis sich die innere Balance wieder einstellt.

- *Kleine Fluchten sind heilsam.* Wenn der Schmerz unerträglich wird, dann ist es hilfreich, eine Pause vom Schicksal zu nehmen. In Gedanken kann man sich eine Auszeit gönnen, indem man sich in positive Tagträume flüchtet, sich von einem Film oder einem Buch ablenken lässt.

- *Niemand hat Schuld.* Wenn man schwer erkrankt, der Partner sich trennt, das Kind große Sorgen macht, dann neigen viele Menschen dazu, sich selbst die Schuld zu geben. Damit aber vergrößert sich nicht nur ihr Leid, sie verhindern auch einen produktiven Umgang mit dem Problem. Sich selbst zu beschuldigen, führt in keinem Fall weiter. Anzuerkennen, dass das Leben immer Prüfungen bereit hält, die bewältigt werden müssen, ist ein sehr viel konstruktiverer Ansatz, als nach dem Schuldigen zu fahnden.

Die Fähigkeit, das Leben zu bejahen, in guten wie in schlechten Zeiten, verhindert, dass es spurlos und viel zu schnell an uns vorüberzieht. Wer über diese Fähigkeit verfügt, hat ein Verständnis für die Endlichkeit jedes Augenblicks entwickelt. Wenn ein Tag zu Ende geht, ist er zu Ende. Er wird niemals wiederkommen. Es wird keine

Wiederholung geben und auch keine Wiedergabe in Zeitlupe. Sicher gibt es Tage, die einem so schrecklich vorkommen, dass man sich gar keine Wiederholung wünscht. Doch auch für diese Tage gilt: Wenn man diesen einen Tag nicht gelebt und erlebt hat, dann wird auch der nächste und der übernächste an einem vorbeirasen, ohne eine Spur zu hinterlassen. Ehe man sich versieht, ist man alt. Und fragt sich dann: Was habe ich nur all die Jahre getan? Wo ist die Zeit geblieben? Was habe ich aus meinem Leben gemacht? Der übliche Verweis darauf, dass so viel zu tun war, wirkt am Ende nicht mehr glaubhaft. Denn so viel Macht hat man über das eigene Leben, dass man sich nicht zum Sklaven von äußeren Zwängen machen muss. Das gilt auch dann, wenn es das Schicksal nicht so gut mit einem meint.

Der Gewinn, der im Versagen liegt

Wer die schlechten Zeiten als ebenso zum Leben gehörig akzeptieren kann wie die guten, gehört im Fach „Lebenskunst" bereits zu den Fortgeschrittenen. Mag er es als unabänderlich ansehen, dass Leid nicht vermeidbar ist, so wird er aber vielleicht dennoch ins Straucheln geraten, wenn es darum geht, scheinbar vermeidbares Leid nicht abwenden zu können. Und vermeidbar erscheint alles, auf das man selbst Einfluss zu haben glaubt: Glück in der Liebe, Erfolg im Beruf, finanziellen Wohlstand, Anerkennung. Jeder ist seines Glückes Schmied, heißt es. Im Umkehrschluss bedeutet das: Jeder ist auch seines Unglückes Schmied. Dieser Glaubenssatz macht es vielen Menschen schwer, persönliche Niederlagen ebenso zu bejahen wie Erfolge. Obwohl Misserfolge ein fester Bestandteil jeden Lebens sind, blenden viele Menschen diese Möglichkeit aus. In unserer erfolgsorientierten Zeit ist kein Platz für Niederlagen. Das ist fatal, denn jeder Mensch gehört zu irgendeinem Zeitpunkt seines Leben zu den Losern.

Schlechte Noten schreiben, eine Klasse wiederholen müssen, sich ausgeschlossen fühlen, am Numerus Clausus scheitern, keine

Lehrstelle bekommen oder trotz erfolgreich abgeschlossener Lehre keinen Arbeitsplatz finden, nach langer Betriebszugehörigkeit gekündigt werden, ungewollt kinderlos bleiben, sich als untalentiert erleben, einen Auftrag nicht an Land ziehen, keinen Partner fürs Leben finden oder erkennen, dass der gewählte nicht der richtige ist, geschieden werden, ein Problemkind großziehen, krank werden, ein Projekt in den Sand setzen, kein Gehör finden, im Alter nicht genug Rente bekommen, sich im Stich gelassen fühlen … Erfahrungen des Scheiterns begleiten jeden Menschen von Kindheit an. Ziele stellen sich als unerreichbar heraus, Träume zerplatzen, Pläne müssen als unrealisierbar ad acta gelegt werden. Scheitern gehört zum Leben. Doch anders als das Gelingen, der Erfolg ist das Versagen in unserer Gesellschaft nicht nur kein Thema – das Scheitern ist sogar „das große moderne Tabu", wie der Soziologe Richard Sennett feststellt: „Es gibt jede Menge populärer Sachbücher über den Weg zum Erfolg, aber kaum eines zum Umgang mit dem Scheitern." Eine Tatsache, die durch eine Suchanfrage beim Internetbuchhändler *Amazon* bestätigt wird: Auf das Stichwort „Erfolg" erhält man 3072 Treffer, auf das Stichwort „Scheitern" dagegen nur 146. Was in Theater, Literatur und Film ein großes, wenn nicht *das* Thema überhaupt ist – man denke nur an *Alexis Sorbas*, *Wer hat Angst vor Virginia Woolf*, *DerTod eines Handlungsreisenden*, *Endstation Sehnsucht* – wird im gesellschaftlichen Alltag ausgeblendet. Nach dem Motto, dass nicht sein kann, was nicht sein darf, werden Niederlagen – obwohl allgegenwärtig – kaum thematisiert. Scheitern ist eine Lebenserfahrung, die – ähnlich wie der Tod – systematisch ausgeblendet wird. „Mir passiert das nicht", mit dieser Kontrollillusion versuchen die meisten Menschen ungeschoren durchs Leben zu kommen. Scheidung, Arbeitslosigkeit, Krankheit – das erleben nur andere, man selbst wiegt sich in Sicherheit. Doch die Wahrscheinlichkeit, zum Loser zu werden, ist in der heutigen Zeit selbst für Menschen, die bislang vor manchen Formen des Scheiterns tatsächlich relativ geschützt waren, enorm angestiegen. „Das Scheitern ist nicht nur eine Aussicht der sehr Armen und Unterprivilegierten, es ist zu einem häufigen Phänomen der Mittelschicht geworden", stellt Richard Sennett fest. „Wir sind viele", könnten Gescheiterte also mit Recht sagen. Doch ihnen fehlt das Mehrheitsgefühl. In unserer Gesellschaft gibt es kaum Beispiele, wie Niederlagen bewältigt werden können. „Selbst schuld" denkt, wen das Glück verlässt.

Was bei dieser Einstellung verloren geht, ist die Einsicht, dass das Misslingen nicht aus dem Leben ausgegrenzt werden kann. Das Leben selbst ist ein einziges Experiment, ein ständiges Versuchen, das manchmal von Erfolg gekrönt ist, manchmal aber auch Irrtum und Scheitern bedeutet. Wenn man das Misslingen als etwas betrachtet, was nicht sein darf, ist man im Falle des Scheiterns völlig unvorbereitet, betrachtet es als Schwäche und sieht nicht die Kraft, die in dieser Erfahrung steckt. Auch Fehlleistungen sind wichtige Erfahrungen, ebenso wichtig wie Erfolge. Genau betrachtet lernt man durch das Scheitern mehr als durch das Gelingen. Die Psychologie spricht vom „negativen Wissen", das uns hilft, Menschen und Situationen besser zu verstehen. Im Scheitern zeichnet sich der richtige Weg ab. Erst wenn man weiß, wie etwas nicht funktioniert, kann man die richtige Lösung finden.

Im richtigen Umgang mit Niederlagen zeigt sich eine wichtige menschliche Stärke. Wurden bislang Beharrungsvermögen, Ausdauer und Durchhaltevermögen als stabilisierende Eigenschaften angesehen, so weiß man heute, dass zur psychischen Gesundheit auch die Fähigkeit gehört, mit Erfahrungen des Scheitern umzugehen. „Stärke bedeutet nicht ausschließlich Siegen. Stärke bedeutet nur zu einem Teil durchhalten, dranbleiben, sich nicht unterkriegen lassen. Stärke bedeutet auch: loslassen, aufgeben, scheitern können", erklären die amerikanischen Psychologen Charles S. Carver und Michael F. Scheier. Dass diese Fähigkeit von der Psychologie so lange vernachlässigt worden ist, liegt am schlechten Image, welches das Scheitern in westlichen Ländern hat. Das Credo *Winners never quit and quitters never win* (Gewinner geben niemals auf, und Aufgeber gewinnen nie) hat das Scheitern zu einem

Tabu werden lassen. Mit der Folge, dass Menschen zwar unvermeidlich scheitern, aber oft die Chance, die in der Niederlage liegt, nicht nutzen. Und damit eine wichtige Lebensphase mit Anklagen, Selbstvorwürfen, Zweifeln und Grübeleien verschwenden.

„Herausforderungen und Niederlagen können Wachstum bedeuten. Versagen kann Gewinn bringen. Menschen profitieren von traumatischen Erfahrungen, indem sie neue Fähigkeiten erwerben, mit denen sie die Welt oder sich selbst besser steuern können. ... Diese neuen Fähigkeiten verhelfen Menschen dazu, besser mit ihren Lebensumständen fertig zu werden. Sie können flexibler mit dem Unbekannten umgehen", sagen die Psychologen Carver und Scheier. Und noch ein weiterer Pluspunkt ist mit dem Scheitern verbunden: Wer mit Niederlagen „richtig" umgeht, erlebt einen Zuwachs an Selbstvertrauen. Dieser Effekt ist vergleichbar mit dem eines Muskeltrainings: Ein Muskel entwickelt sich nur dann, wenn er systematisch trainiert wird. Ebenso verhält es sich mit dem Selbstvertrauen: Es wächst „unter Druck", nämlich durch die Bewältigung von Schicksalsschlägen.

„Einmal versuchen, scheitern. Wieder versuchen, wieder scheitern. Besser scheitern", schreibt Samuel Beckett. Auch wenn es sich paradox anhört: Es gibt tatsächlich so etwas wie „besseres" oder „richtiges" Scheitern.

Nun ist aber wohl kaum jemand ein begabter Verlierer. Das Talent, eine Chance im Scheitern zu erkennen, ist bei den meisten Menschen wenig ausgeprägt. Doch der Umgang mit Niederlagen kann gelernt werden.

Ein erster wichtiger Schritt ist, anzuerkennen, dass Misserfolge ein wichtiger Bestandteil des Lebens sind und sie als solche zu bejahen. Der Philosoph Wilhelm Schmid verweist darauf, wie wichtig es für ein gelingendes Leben ist, Fehler nicht nur einzukalkulieren, sondern ebenso zu akzeptieren wie die Erfolge: „Bejahenswert ist keineswegs nur das Angenehme, Lustvolle oder Positive, sondern ebenso das Unangenehme, Schmerzliche, Hässliche, ‚Negative', das Scheitern und Misslingen." Die Einstellung, Misserfolge müssten auf jeden Fall vermieden werden, verhindert einen konstruktiven Umgang damit. Schamgefühle, Depressionen und Passivität sind die Folge, wenn Scheitern nicht als ebenso selbstverständlich wie Erfolg einkalkuliert und akzeptiert wird. Wer um keinen Preis scheitern darf, der ist im Ernstfall nicht in der Lage, sich die entscheidende, aktivierende Frage zu stellen: „Was kann ich aus dieser Situation lernen?"

„Ich kann auch ein anderer Mensch sein"

Wichtig ist auch, sich das Scheitern mit aller Klarheit einzugestehen und zu erkennen, dass eine weitere Verfolgung des ursprünglich angestrebten Ziels aussichtslos und Kräfte raubend ist. Wer an einer längst gescheiterten Beziehung festhält, wer nicht wahrhaben will, dass seine beruflichen Pläne sich nicht verwirklichen lassen, wer sich in Selbstbeschwichtigung ergeht oder im Alkohol, im Essen oder anderen Drogen Vergessen sucht, vergeudet nicht nur wertvolle Lebenszeit, sondern bringt sich auch um die Chance, den Gewinn im Verlust zu erkennen. Positive Illusionen mögen in manchen Lebenslagen selbstwertstärkend sein („Ich bin ein guter Autofahrer, alle anderen fahren schlecht"). Im Falle des Scheiterns sind sie kontraproduktiv. Wenn sich ein Spielsüchtiger einredet, dass seine Pechsträhne ganz sicher mit dem nächsten Spiel zu Ende geht, wird er dadurch seinen Verlust noch vergrößern. Wer glaubt, dass sein Arbeitsplatz nicht gefährdet ist, obwohl der Personalabbau im Unternehmen schon lange im Gang ist, der ist im Fall des Falles nicht vorbereitet und stürzt tief. Wer denkt, seine Ehe sei gut, obwohl sich der Partner immer mehr entfernt, verpasst die Chance, die Beziehung zu retten.

Wer sich sein Scheitern nicht eingestehen kann, vergeudet wertvolle Zeit. Das Festhalten an unsinnigen Zielen führt zu Lähmung und Stagnation, das Leben tritt auf der Stelle, Entwicklung ist nicht möglich.

Um eine Niederlage bewältigen zu können, muss die Bindung an das gescheiterte Projekt, das nicht erreichbare Ziel gelöst und zugleich nach einer Alternative gesucht werden. Wer nur seine Anstrengungen herunterfährt, dem gescheiterten Ziel aber emotional verhaftet bleibt, wird sich nur schwer von den nicht realisierbaren Plänen verabschieden und neue Ziele finden können. „Wenn ein Weg verschüttet ist, wird ein anderer sichtbar und wichtig. Indem ein nicht erreichbares Ziel aufgegeben wird, gleichzeitig aber ein anderes gewählt wird, bleibt die Person in einer Vorwärtsbewegung. Das Leben hat weiterhin einen Sinn. Die Bereitschaft, einen Wechsel vorzunehmen, wenn die Umstände es erfordern, ist eine wichtige menschliche Stärke", fassen Carver und Scheier ihre Forschungsergebnisse zusammen.

Dass neue Ziele vor Depressionen schützen, konnten Carver und Scheier in einer eigenen Studie bestätigen, in der sie das Ausmaß der Depressivität von Eltern untersuchten, deren Kinder an Krebs erkrankt waren. Die Eltern waren gezwungen, bestimmte Lebenspläne und Wünsche, die sie in bezug auf ihre Kinder hatten, ad acta zu legen. Einige der Eltern setzten ganz bewusst neue Prioritäten, sie gaben ihre Pläne, die sie für ihre Familie und ihr Kind hatten, auf und sahen den Sinn ihres Lebens nun in der Versorgung und optimalen Betreuung ihres Kindes. Eltern, denen dies gelang, waren deutlich weniger depressiv, als Eltern, die sich von ihren gescheiterten Plänen nicht lösen konnten und mit dem Schicksal haderten.

Die Weichen neu zu stellen, das ist ganz sicher keine einfache Angelegenheit. Sie erfordert das Eingeständnis, dass man in einer Sackgasse gelandet ist, und sie erfordert Mut und die Fähigkeit, sich selbst neu zu definieren. „Ich kann auch ein anderer Mensch sein", sagen sich „gewinnende Verlierer". So nennt der Soziologe Martin Doehlemann jene Menschen, die im Scheitern für sich die Chance erkennen, ihr „eigentliches Selbst" zu entfalten. Wie der Soziologe in einer eigenen Studie herausfand, öffnet eine Niederlage „gewinnenden Verlierern" bislang verschlossene Türen. Plötzlich gibt es eine Möglichkeit, Neues zu erproben, die beengende Routine und Ordnung hinter sich zu lassen, die bisher brachliegende Kreativität zu entwickeln, sich aus der Delegation der Eltern zu lösen und endlich das tun zu können, was man eigentlich immer schon tun wollte, aber aus Rücksicht auf die Wünsche anderer Menschen nicht tat. Manche erkennen, dass die bisherige Jagd nach Status und Erfolg ihnen keinen Sinn im Leben geben konnte und verabschieden sich leichten Herzens vom verloren gegangenen hoch dotierten Job, um beispielsweise karitativ zu arbeiten. Und einige entdecken auch die „Wonnen der Gewöhnlichkeit", wie Doehlemann berichtet. Bislang in anspruchsvollen, stark fordernden Berufen tätig, sehen sie im Scheitern des bisherigen Lebensplanes die Chance zum Downshifting, zur Verlangsamung.

Wie jene Werbeleiterin, die den Stress ihres Berufs nicht mehr aushalten wollte. Nach einem Hörsturz und vielen persönlichen Krisen nahm sie eine Halbstagsstelle als Sekretärin in einer Familienberatungsstelle an. Sie verdient jetzt zwar nur einen Bruchteil ihres früheren Einkommens, aber die dadurch notwendig gewordene Bescheidenheit macht ihr mehr Freude als das ehemalige Luxusleben. Denn die Dinge, die sie sich früher leisten konnte, waren Ersatzbefriedigungen für ein nicht gelebtes Leben. Jetzt hat sie Zeit für sich, ihre Freunde, ihre Interessen, kurz: für das, was sie immer schon tun wollte.

Der Nutzen des Scheiterns liegt also darin, dass das Richtige deutlicher wird. „Ich kann auch ein anderer/eine andere sein" – diese Erkenntnis kann Kraft geben für einen Neuanfang. Wem es gelingt, in den Niederlagen des Lebens eine Chance zu sehen für die eigene Entwicklung, der verliert die Angst davor und befreit sich von der Stagnation, die sich wie eine Bleiplatte auf sein Leben gelegt hat.

Fehler, Niederlagen, Sackgassen fügen sich oft im Rückblick zu einem sinnvollen Ganzen. Menschen, die aus kleinen und großen Misserfolgen ihre Lehre gezogen haben, erkennen sich vielleicht in der Geschichte vom reichen Mädchen aus Marokko wieder, dessen Schicksalsschläge sich im Nachhinein als sinnvolle Entwicklungen im Lebenslauf herausstellten:

Der Vater des Mädchens war ein erfolgreicher Handwerker. Er

verwöhnte seine Tochter und gab ihr alles, was ihr Herz begehrte. Doch als sie das heiratsfähige Alter erreicht hatte, hielt er die Zeit für gekommen, um nach einem geeigneten Mann für die Tochter Ausschau zu halten. Der reiche Handwerker beschloss, das Mädchen auf eine Schiffsreise mitzunehmen, in der Hoffnung, sie würde auf der Reise den geeigneten Partner finden. Vor Ägypten geriet das Schiff in einen schrecklichen Sturm. Das Schiff kenterte, der Vater wurde getötet, die Tochter an Land gespült. Verwirrt, erschöpft und völlig verängstigt wanderte die junge Frau am Strand entlang, bis sie auf eine Weberfamilie stieß. Diese nahm das Mädchen bei sich auf und brachte ihr das Weben bei. Mit der Zeit vergaß die Handwerkerstochter ihr Leid, akzeptierte ihr Leben und wurde zufrieden. Einige Jahre gingen ins Land. Doch dann geschah wieder etwas Schreckliches: Sklavenhändler raubten die Schöne, verschleppten sie und verkauften sie auf dem Sklavenmarkt von Istanbul an einen Mann, der Schiffsmasten herstellte. Sie musste von nun an ihm und seiner Frau bei der schweren Arbeit helfen.

Eines Tages bekam die junge Frau von ihrem Besitzer den Auftrag, eine Ladung von Schiffsmasten nach Java zu begleiten. Wieder geriet das Schiff in einen Sturm, wieder überlebte sie, wieder wurde sie an Land gespült. Und ein weiteres Mal in ihrem Leben haderte sie mit ihrem Schicksal. Doch nach einiger Zeit erkannte sie, dass all das Jammern und Klagen ihr nicht weiterhalf, sondern sie sich selbst um ihr Leben kümmern musste. Die junge Frau nahm all ihre Kraft zusammen und machte sich auf den Weg – landeinwärts. Sie marschierte viele Tage und Nächte, ernährte sich von dem, was sie in der Natur fand, schlief nur wenige Stunden. Dann endlich, sie wusste nicht, wie lange sie schon unterwegs war, sah sie einen Reiter auf sich zukommen. Sie fürchtete sich, doch an Flucht war nicht zu denken. Doch wie sich bald herausstellte, war die Angst überflüssig. Der Reiter war ein Bote des chinesischen Kaisers und suchte nach einem Handwerker, der seinem Herrscher ein Zelt bauen konnte. „Du kannst deine Suche aufgeben“, sagte die Handwerkerstochter, „ich kann deinem Kaiser ein Zelt bauen.“ Und so stand sie eines Tages vor dem Kaiser von China. Der fragte sie ungläubig: „Kannst du wirklich ein Zelt bauen?" „Ja, ich glaube, ich kann das", sagte die Schiffsbrüchige. „Aber ich brauche Seile." Die aber gab es in ganz China nicht. Doch es gab Seide. Die junge Frau erinnerte sich, was sie von ihrem Vater gelernt hatte und spann aus Seide jene Taue, die sie benötigte. Sie fragte nach festem Stoff, aber auch den gab es nicht. „Wozu habe ich bei der Weberfamilie weben gelernt", dachte sich die Frau und machte sich an die Arbeit. Dann fragte sie nach Zeltstangen. Aber auch die gab es natürlich nicht. Da erinnerte sich die junge Frau an ihre Zeit beim Schiffsmastenhersteller und fabrizierte Zeltstangen. Schließlich war sie mit ihren Vorbereitungen fertig und stellte dem Kaiser ein wunderschönes Zelt auf. Der war begeistert und gab ihr einen reichen Prinzen zum Ehemann. Die Odyssee der Handwerkertochter war zu Ende.

Natürlich verlaufen reale Leben nur selten so märchenhaft. Doch diese Geschichte enthält eine wichtige Botschaft: Schicksalsschläge ergeben in dem Moment, in dem man sie erleidet, keinen Sinn. Ganz im Gegenteil: Was soll sinnvoll sein am Verlust eines Menschen, an der Arbeitslosigkeit, an einer schmerzhaften Krankheit, an Niederlagen und Misserfolgen? Aber mit etwas Abstand und wenn man bereit ist zu akzeptieren, dass Leid ebenso zum Leben gehört wie die Freude, wird man mit großer Wahrscheinlichkeit nach und nach ein Muster erkennen können. Dann wird deutlich, dass auch Zeiten des Scheiterns nicht vergeudete Lebensphasen sind, sondern eine wichtige Weichenstellung für das weitere Dasein.

Auch wenn es so gar nicht in unsere Zeit zu passen scheint: Zu einem gelingenden Leben gehört auch die Akzeptanz des Negativen. Wer in jeder Phase das Leben bejahen kann, auch wenn es zeitweise sehr schwer fällt, kann sicher sein, dass er sein Leben nicht verpasst. Denn nur wenn das Negative – das Leid, das Scheitern, die Misserfolge, die Tränen, die Schmerzen – als zum Leben gehörig akzeptiert werden, kann auch das Positive – das Gelingende, die Freude, das Schöne – in seinem ganzen Wert erkannt werden.

VI
Loslassen!
Was geschehen ist, ist geschehen

Nicht nur das Streben nach zukünftigem Glück und die Abwehr von Leid hält uns von der Gegenwart ab. Auch die Vergangenheit hat für so manchen Menschen eine ungeheure Anziehungskraft. Während der Zukunftsorientierte seine Zeit mit Planungen für ein besseres, glücklicheres Leben verbringt, füllt der Vergangenheitsorientierte seine Tage mit Rückblicken. Auch er lebt nicht in der Gegenwart, weil das, was früher war, all seine Aufmerksamkeit bindet.

Von alten Menschen kennt man das: Viele von ihnen halten sich gedanklich fast nur noch in der Vergangenheit auf. Ihre Erinnerungen an frühere Zeiten sind ihnen wichtiger als das gegenwärtige Erleben. Verständlich: Denn früher war oft tatsächlich manches besser für sie. Da funktionierte der Körper noch so, wie sie es wollten, da waren die Kinder noch bei ihnen, der Partner lebte noch, sie standen noch mitten im Beruf, waren gefragt und gefordert. Jetzt, im Alter, ist vieles zum Erliegen gekommen, scheint ein Sinn im Dasein nur selten zu existieren.

Doch nicht nur sehr alte Menschen leben rückwärtsgewandt. Auch jüngere können sich von dem, was geschehen ist, oft schwer lösen. Anders als die Alten sehen sie aber in der Vergangenheit nicht das verlorene Paradies. Sie betrachten das Zurückliegende vielmehr als Ursache dafür, dass das Paradies ihnen in der Gegenwart verschlossen bleibt. In dem, was ihnen zugestoßen ist, sehen sie heute eine Ursache für ihre Schwierigkeiten.

Die Vergangenheit hat keine Zukunft

Es ist unbestritten: Viele Verhaltensweisen, Gefühle und Gedanken haben ihre Wurzeln in der Kindheit. Die Vergangenheit hat einen großen Anteil an der Persönlichkeitsentwicklung. Die frühen Erfahrungen mit Vater und Mutter oder anderen Familienmitgliedern prägen die Wertvorstellungen, beeinflussen die eigene Partnerwahl und haben einen entscheidenden Einfluss darauf, ob man eher optimistisch oder eher pessimistisch die Welt betrachtet.

Wie die Hirnforschung eindrucksvoll belegen konnte, hinterlassen psychosoziale und körperliche Belastungen in der Kindheit nicht nur ihre Spuren in der Seele, sondern auch im Gehirn. Negative Erfahrungen verändern wichtige Hirnsysteme bereits in der frühen Kindheit. So sind zum Beispiel bestimmte Bereiche der linken präfrontalen Großhirnrinde bei Depressiven deutlich kleiner als bei gesunden Menschen. Genau diese Bereiche aber sind für Emotionen und Stimmungen zuständig. Hirnforscher vermuten, dass durch frühe negative Erfahrungen wie Vernachlässigung, eine Virusinfektion oder auch durch eine genetische Mitgift sogenannte „biologische Narben" entstehen. Gerät ein derart vorbelasteter Mensch in seinem späteren Leben unter starken Stress – zum Beispiel durch eine Krankheit, einen Todesfall, Arbeitslosigkeit oder Einsamkeit – dann brechen diese Narben wieder auf. Psychische Probleme und Krankheiten, wie zum Beispiel die Depression, können die Folge sein. Belastende Kindheitserfahrungen, welcher Art auch immer, können also verheerende Folgen haben und sind unbestritten ein schweres Erbe.

Doch darf aus dieser Tatsache der Schluss gezogen werden, dass man mit diesem Erbe ein Leben lang zu kämpfen hat, dass die frühen Erfahrungen unabwendbar auch das spätere Geschehen nega-

tiv beeinflussen? Wird das Leben nicht mehr lebenswert und erfüllt, nur weil der Anfang so unglücklich verlaufen ist? Viele Menschen glauben das.
In einem Seminar zum Thema „Kindheit“ bat ich die Teilnehmerinnen und Teilnehmer schriftlich den Satz „Wenn ich eine andere Kindheit gehabt hätte, dann …“ zu ergänzen. Folgendes bekam ich zu lesen:

… wäre ich nicht so abhängig von der Zuneigung und Zuwendung anderer;
… wäre ich nicht so eifersüchtig;
… könnte ich besser alleine – ohne Mann – sein;
… hätte ich weniger Ängste;
… wäre ich selbstbewusster;
… hätte ich ein besseres Selbstbild;
… wäre ich kein einsames Einzelkind gewesen und hätte ein besseres Sozialverhalten gelernt;
… wäre mein Leben völlig anders, selbstsicherer, weniger depressiv, weniger krankheitsanfällig und vor allem in einer besseren Ehe verlaufen;
… wäre manches für mich einfacher;
… hätte ich mehr Selbstvertrauen entwickelt und mein Leben einen anderen Verlauf genommen.

Diese Satzergänzungen der Seminarteilnehmer belegen: Der Blick zurück fällt in vielen Fällen sehr negativ aus, und die Menschen sehen einen deutlichen Zusammenhang zwischen den frühen Geschehnissen und aktuellen Lebensproblemen. Sie sind überzeugt davon: Meine schlechte Kindheit ist Schuld daran, dass ich heute nicht das Leben führen kann, das ich mir wünsche. Wenn dem wirklich so wäre, dann wäre es zum Verzweifeln. Denn dann gäbe es keinen Ausweg aus dem früh eingeschlagenen Lebensweg, dann könnte ein Mensch sich noch so anstrengen und bemühen, seine Kindheitserlebnisse würden immer alles überschatten.

Glücklicherweise ist das in dieser Absolutheit nicht der Fall. „Unser Leben wird vielleicht weniger von unserer Kindheit determiniert als von der Art und Weise, wie wir gelernt haben, uns unsere Kindheit vorzustellen“, schreibt der Psychoanalytiker James Hillman. Er ist überzeugt davon, dass Menschen weniger durch die Traumata ihrer Kindheit geschädigt werden „als durch die traumatische Weise, in der wir uns an die Kindheit erinnern als eine Zeit unnötiger und von außen verursachter Katastrophen, die uns falsch geformt haben.“

Noch immer dominiert die Vorstellung von der Schicksalhaftigkeit der frühen Jahre das Denken vieler Menschen. Viel zu wenig wahrgenommen werden dagegen Ergebnisse aus Psychologie und Hirnforschung, die belegen, dass die frühe Kindheit nicht zwangsläufig Schicksal sein muss. So zeigen psychologische Studien, dass selbst extreme Erfahrungen von Gewalt und Misshandlung in frühen Jahren verarbeitet werden können, wenn der Betreffende im Laufe seines Lebens positivere Erfahrungen machen darf. „Schützende Inselerfahrungen“, so der Psychotherapeut Hilarion Petzold, setzen Kontrapunkte zu frühen schlimmen Erlebnissen. Schützende Inselerfahrungen können mit ganz verschiedenen Personen gemacht werden: einer fördernden und wohlwollenden Lehrkraft, einer liebevollen Erzieherin, einem aufmerksamen Nachbarn, einem warmherzigen Onkel, einem beschützenden größeren Geschwister, kurz: mit positiv zugewandten Menschen. Schützende Inselerfahrungen können aber auch mit sich selbst gemacht werden: die Erfahrung, etwas gut zu können oder sich verantwortlich zu fühlen, für andere (zum Beispiel Geschwister) oder eine Aufgabe, stellen ebenfalls psychische Schutzschilde dar. Andere Forscher sprechen von „alternativen Spiegeln“, die es einem Menschen möglich machen, sich gegen frühe, schreckliche Erfahrungen zu schützen und trotz negativem Start ins Leben eine positive Entwicklung zu nehmen.

Können positive Beziehungserfahrungen die früh zugefügten „biologischen Narben" tatsächlich verheilen lassen? Neueste Erkenntnisse der Hirnforschung bestätigen das. Danach sind Struktur und Funktion unseres Gehirns bis ins Alter durch Erfahrungen, Verhalten und Lernen veränderbar. Diese Eigenschaft, „neuronale Plastizität" genannt, macht es möglich, dass durch andere, positivere Erfahrungen sich auch die Struktur des Gehirns verändern kann. So kann man inzwischen belegen, dass Psychotherapie veränderte Gehirnstrukturen wieder normalisieren hilft. „Psychotherapie kann einen entscheidenden Beitrag zur Heilung leisten. Mit modernen neurobiologischen Verfahren lässt sich zeigen, dass Psychotherapie tatsächlich Störungen des Gehirnstoffwechsels normalisieren kann, die vor der Therapie zu beobachten waren. Psychotherapie kann also nicht ‚nur' seelische Beschwerden des Menschen heilen, sie erreicht auch die dahinter liegenden körperlichen Strukturen", erklärt der Freiburger Mediziner und Psychotherapeut Joachim Bauer.

Die positive, wohlwollende Zuwendung eines Menschen, die neuen, stärkenden Erfahrungen, die in einer guten psychotherapeutischen Beziehung gemacht werden, können die biologischen Narben, die durch Vernachlässigung, Misshandlung oder Gewalt entstanden sind, verheilen lassen. Das geht nicht von heute auf morgen, Zeit, Geduld und Ausdauer sind wichtige Voraussetzungen – was für längerfristige psychotherapeutische Behandlungen spricht.

Nicht nur die Psychotherapie, auch andere Begegnungen können zu positiven neuen Lernerfahrungen verhelfen. Wer in der Kindheit außerhalb des Elternhauses auf wohlwollende Menschen stößt, wer im späteren Leben unterstützende Freundschaften knüpft, wer sich geborgen fühlen kann in einer Partnerschaft und in der Familie des Ehemannes oder der Ehefrau ein positiveres Modell findet als in der eigenen Herkunftsfamilie, der macht neue Erfahrungen. Und diese neuen Erfahrungen verändern auch die Gehirnstrukturen. Das bedeutet: Wenn man der negativen Kindheit etwas Positives entgegensetzen kann, dann haben die frühen Erfahrungen keine so starke Auswirkung mehr auf das Leben, wie viele Menschen glauben.

Doch noch halten viele Menschen an dem Glauben fest: Kindheit ist Schicksal. Das hat verständliche Gründe: In einer Zeit, in der jeder für sein Lebensglück selbst verantwortlich erscheint, wirkt es entlastend, wenn man glaubt, jemand anderer oder die Umstände seien verantwortlich für die gegenwärtigen Probleme. Verbunden damit ist gleichzeitig der Wunsch, in irgendeiner Form Wiedergutmachung für das Erlittene zu bekommen oder zumindest eine Art Entschuldigung dafür, dass einem das Leben nicht so gelingt, wie man es sich wünscht. Es ist also durchaus nachvollziehbar, warum viele Menschen an der Vergangenheit kleben und sich von dort die Lösung so mancher Lebensprobleme erhoffen.

Doch der verbitterte und anklagende Blick zurück bringt keine Erleichterung. Im Gegenteil: Er bindet Energien, kostet Kraft und verhindert, dass das Gute der Gegenwart bewusst gesehen und erlebt werden kann. Wer zu sehr an die Vergangenheit gebunden ist, vergeudet ebenso wertvolle Lebenszeit, wie derjenige, der vor lauter Pläneschmieden nicht zum Leben kommt.

Das bedeutet nicht, dass man dem eigenen Werdegang keine Beachtung schenken sollte. Im Gegenteil. Wer sich damit auseinandersetzt, warum er so ist wie er ist, warum er bestimmte Entscheidungen immer wieder trifft, warum manche Verhaltensmuster immer wieder auftauchen, der kann sein Leben tatsächlich bereichern. Voraussetzung ist allerdings, dass er sich nicht als hilfloses Opfer der Vergangenheit sieht, sondern erkennt, welches Potential, welche Kraft in seinen ganz spezifischen Kindheitserfahrungen liegt. Durch einen positiven Blick auf sich selbst schafft man die wichtige Grundlage für neues Lernen. Und das ist notwendig, um die „biologischen Narben", die einem durch frühe negative Erfahrungen zugefügt wurden, ausheilen zu lassen. Durch neue positive Erfahrungen nimmt man der frühen Mitgift ihre Macht. Man ist ihr dann nicht mehr auf Gedeih und Verderb ausgeliefert, man muss auch nicht den in der Kindheit vorgezeichneten Weg weitergehen.

Wenn man vom Opfer zum Regisseur seiner eigenen Geschichte wird, dann kann man das Drehbuch seines Lebens neu inszenieren und sein Leben dadurch lebenswerter machen. Das heißt nicht, dass man alles nur noch durch die rosarot gefärbte Brille sehen und sich selbst eine Lügengeschichte auftischen sollte. Doch wie jede Geschichte kann auch das eigene Leben unter ganz verschiedenen Perspektiven erzählt werden – und von der gewählten Perspektive hängt es ab, ob man sich mit seiner Vergangenheit aussöhnen und die Gegenwart leben kann oder ob man sich selbst durch den anklagenden Blick zurück im Wege steht. Ob man diesen Perspektivenwechsel aus eigener Kraft vollziehen kann und will, oder ob man sich dabei psychotherapeutische Unterstützung zukommen lässt, das hängt auch von der Art der frühen Erfahrungen ab. Je belastender die Kindheit war, umso sinnvoller ist es, sich bei der Loslösung von der Last der Vergangenheit professionell unterstützen zu lassen.

In dem Film *Frankie und Johnny* verlieben sich Frankie , die Kellnerin (gespielt von Michelle Pfeiffer) und Johnny, der Koch (gespielt von Al Pacino), heftig ineinander. Doch schon nach der ersten Liebesnacht kommt es zu Problemen. Sie distanziert sich von ihm, fühlt sich von ihm vereinnahmt; er ist verzweifelt, weil sie ihn immer wieder wegstößt. Nach und nach stellt sich heraus, dass sich hier zwei tief verletzte Seelen gefunden haben: Johnny hat eine gescheiterte Ehe und einen Gefängnisaufenthalt hinter sich; Frankie wurde von ihrem letzten Partner geschlagen, als sie schwanger war. Sie verlor das Kind und ist seither unfruchtbar. Beide, Frankie und Johnny, hatten einen schlechten Start ins Leben und auch in den Jahren danach meinte es das Schicksal nicht gut mit ihnen. Mit diesen großen Paketen der Vergangenheit scheint eine neue, unbelastete Liebe nicht möglich. Das Vertrauen, dass es ein anderer gut meinen könnte, ist nicht vorhanden. So erwartet der Zuschauer, dass die Liebe zwischen Koch und Kellnerin unter der Last der Vergangenheit zusammenbrechen wird. Doch in all ihrem Leid erkennen die beiden, welch große Chance sie miteinander haben, und dass Wunden heilen können, wenn sie mit dem Pflaster positiverer Erfahrungen verbunden werden.

Ein anderes Ende ist von einem Hollywoodfilm auch nicht zu erwarten? Das ist richtig. Doch haben auch Hollywoodfilme manchmal eine durchaus brauchbare Botschaft für das reale Leben. Sowohl Frankie als auch Johnny hätten sich hinter ihren negativen Erfahrungen verschanzen können, sie hätten aus Angst vor weiteren Verletzungen auf eine intensive Beziehung verzichten können. Dann aber hätten sie ihr Leben weiterhin als Tragödie betrachtet. Sie aber haben sich dafür entschieden, der Tragödie eine Chance und damit ihrem Leben eine neue Richtung zu geben.

Diese Wahl gibt es nicht nur im Film, man hat sie auch im realen Leben.

Wie erzählen Sie Ihr Leben?

Angenommen, Ihr Leben wäre ein Theaterstück. Welchen Titel würden Sie ihm geben? Welche Geschichte erzählt Ihr Leben, ist es eine traurige oder eine lustige Geschichte, eine neutrale oder langweilige? Ist sie ein Heldenepos, eine Tragödie oder eine Komödie? Vielleicht gibt es ein Märchen, das die eigene Lebensgeschichte gut wiedergibt („Mir ging's wie Aschenputtel, der Anfang war schlecht, aber dann habe ich trotz widriger Umstände mein Glück gefunden"), vielleicht aber spricht Sie ein ganz bestimmter Hollywoodfilm an, weil sich ihr eigenes Schicksal in dem des Hauptdarstellers oder der Hauptdarstellerin widerspiegelt?

Auf welche Art kann man sein Leben erzählen? Es gibt im wesentlichen folgende drei Erzählformen:

Die Glücks-Story: „Ich hatte eine gute Kindheit. Und dieser Kindheit verdanke ich, dass es mir heute auch gut geht."

Die Trotzdem-Story: „Den schlechten Startchancen verdanke ich bestimmte, mir wichtige Eigenschaften."

Die Tragödie: „Weil ich eine schlechte Kindheit hatte, geht es mir heute schlecht."

Die Art wie man das eigene Leben erzählt, entlarvt, nach welchem Drehbuch man lebt. Wie aber entsteht dieses Drehbuch überhaupt?

Von klein auf hört man bestimmte Botschaften. Sie können positiv sein (Du bist so klug, so ein hübsches Kind, bist Mamas Liebling) oder kritisch bis negativ (Du taugst nichts, auf dich ist kein Verlass, ich liebe dich nur, wenn du tust, was ich will). Diese Botschaften werden verbal, aber auch nonverbal gegeben und bilden den Rahmen des Drehbuches. Aufgrund dieser Botschaften legt man sich eine unbewusste Strategie zurecht, wie man am besten durchs Leben kommt. (Wenn ich keine eigenen Wünsche habe, dann lieben mich die Eltern. Nur wenn ich alles perfekt erledige, bin ich etwas wert. Solange ich nicht zeige, wie es in mir aussieht, kann mich niemand verletzen.)

Grundsätzlich kann aus diesen Botschaften ein positives Drehbuch entstehen oder ein negatives. Wer eine einigermaßen glückliche Kindheit hatte, der entwickelt, wenn im weiteren Verlauf des Lebens nichts Dramatisches geschieht, ein „Gewinnerskript", wie die Transaktionsanalyse ein positives Drehbuch nennt. Er gehört dann zu den „Sicheren", die sich nicht selbst im Wege stehen und zufrieden sind mit ihren Beziehungen und Lebensumständen. Ein negatives Skript, ein „Verliererskript", entsteht dagegen, wenn in der Kindheit negative Botschaften vorherrschend sind und das Kind vernachlässigt, missbraucht oder ignoriert wird. Die frühen Botschaften sind der rote Faden in einer Lebensgeschichte. Wenn man als Erwachsener unter Druck gerät oder wenn sich Situationen, die man aus der Kindheit kennt, im Erwachsenenleben wiederholen, wird der rote Faden besonders deutlich sichtbar. Menschen mit einen negativen Skript leiden als Erwachsene unter dieser Mitgift, sie geraten – zum Beispiel – immer an die falschen Partner, können sich über Erfolge nicht freuen, sind von Selbstzweifeln geplagt, trauen sich wenig zu, leiden an Depressionen oder Ängsten. Ein negatives Skript macht das Leben „schattig". Freude, Unbeschwertheit und Selbstvertrauen sind für Menschen mit einem Verliererskript nur Fremdworte. Ihr Leben war von Anfang an eine Tragödie. Aber sie müssten es nicht weiterhin als Tragödie leben. Längst kein hilfloses Kind mehr, haben sie die Möglichkeit, ihr Drehbuch zu verändern. Das gelingt, wenn sie die Verantwortung für ihr Leben in der Gegenwart übernehmen und diese nicht mehr länger an die Vergangenheit delegieren.

„Gewinner schaffen sich die Umstände selber, Verlierer sind die Opfer der Umstände", meinte einmal der US-amerikanische Leichtathletiktrainer John Smith. Was er mit Blick auf sportliche Leistungen äußerte, gilt auch für Lebensbiographien. Wenn man sich von der Mitgift der Vergangenheit befreit, kann man die Umstände seines Lebens weitgehend selbst bestimmen. Man kann den frühen Botschaften entkommen, man ist nicht dazu verdammt, sein Leben lang nach dem einmal erworbenen Skript zu leben. Es liegt in der Macht eines jeden, sein Drehbuch „umzuschreiben", ihm einen anderen Erzählton zu geben. Denn das Skript, an dem man schon sehr früh als Kind zu schreiben begonnen hat, ergibt kein vollständiges Bild. Es enthält sozusagen nur eine Szene des Lebens, nämlich jene, die von den Eltern oder anderen wichtigen Bezugspersonen in der Kindheit gestaltet wurde. Wer nach einem negativen Skript lebt, sollte diese Szene nicht als repräsentativ für sein ganzes Leben akzeptieren, sondern ihr die vielen anderen Szenen seines Lebens entgegenstellen. Tut er das nicht, stagniert seine Entwicklung, und er wird nicht zu dem Menschen, als der er gedacht ist. Er bleibt unter seinen Möglichkeiten und verschenkt sein Potential an die Vergangenheit. Nur mit einem auf Herz und Nieren geprüften Drehbuch lässt sich aus dem Leben, das man hat, ein gutes Leben machen. Die Transaktionsanalyse nennt die frühen negativen Botschaften nicht von ungefähr „Bannbotschaften". Menschen mit einem negativen Skript leben tatsächlich wie unter einem Bann. Sie sind blockiert in ihrer Entwicklung, dürfen nicht so leben, wie sie es sich gerne wünschen, und dürfen nur Freude haben, wenn sie sich diese verdient haben (und das ist fast nie der Fall).

Der erste Schritt in der persönlichen Drehbuchanalyse dient dem Erkennen: Nach welchem Skript lebe ich, wie genau sehen meine Fesseln aus, die man mir in der Kindheit anlegte und die ich heute immer noch trage? Dem persönlichen Skript kommt man beispielsweise auf die Spur, wenn man seinen inneren Stimmen lauscht, die da vielleicht sagen:

- Du darfst keine Freude haben, solange du nicht deine Aufgaben erledigt hast.
- Du kannst dich noch so sehr anstrengen, es ist nie genug.
- Wenn du glaubst, du bist etwas Besonderes, dann irrst du dich.
- Wenn du tust, was ich will, dann liebe ich dich.
- Nur wenn dich eine Leistung sehr anstrengt, dann ist sie etwas wert.
- Ein Arbeit, die nicht perfekt ist, verdient kein Lob.
- Du wirst nur geliebt, wenn du tust, was andere wollen.

In einem zweiten Schritt geht es dann darum zu erkennen, woher diese Stimmen kommen: Wer hat mir diese Botschaften als Kind eingeflüstert? Wem verdanke ich, dass ich mir heute das Leben so schwer mache? Und: Will ich diesen Stimmen wirklich immer noch die Macht einräumen, die diese in der Kindheit hatten? Werden diese Stimmen dem Menschen gerecht, der ich bin? Gibt es da nicht andere Aspekte, Eigenschaften, Fähigkeiten, von denen die frühen Stimmen gar nichts wissen (weil sie es damals nicht wissen wollten)?

Ein erfülltes Leben ist ein autonomes Leben. Um das nötige Maß an Unabhängigkeit zu erreichen, muss eine Trennung von den Bannbotschaften, dem negativen Einfluss der Vergangenheit erfolgen. Man muss sich lösen von dem früh erworbenen Skript oder es wenigstens so weit ergänzen, dass es auch die bislang unterdrückten und vernachlässigten Seiten berücksichtigt.

Wer seine Geschichte als Glücks-Story oder Trotzdem-Story erzählt, gehört wahrscheinlich nicht zu den Menschen, die sich von den Geschehnissen der Vergangenheit Fesseln anlegen lassen. Doch wer seine Lebensgeschichte als Tragödie erzählt, für den lohnt sich ein Perspektivenwechsel. Denn die Konzentration auf die Defizite, auf das, was im eigenen Leben nicht so gut gelaufen ist, führt zu einer einseitigen Betrachtung und damit einer Verfälschung der eigenen Geschichte. Sieht man seine eigene Entwicklung nur im Lichte dessen, was nicht gewesen ist, was hätte besser und schöner sein sollen und hält man für die ganze Wahrheit, was das eigene Skript über einen erzählt, dann blockiert man selbst seine weitere Entwicklung. Denn solange man all dem nachtrauert, was man als Kind nicht bekommen hat, sich die Chancen vor Augen hält, die man gehabt hätte, wenn man optimal gefördert worden wäre, sich das Glück ausmalt, das man heute genießen könnte, wäre man nur ein glücklicheres Kind gewesen, kurz: solange man den negativen Stimmen der Kindheit immer noch Gehör schenkt, solange lebt man nicht wirklich. Man erkennt dann nicht die Möglichkeiten, welche die Gegenwart für einen bereithält, reagiert nicht auf dargebotene Chancen oder vertreibt wohlwollende Menschen aus seinem Leben, weil man nicht an ihre Zuneigung glauben kann.

Wer der Kindheit zuviel Macht einräumt, für den wird sie wirklich zum Schicksal – allerdings kann man dann nicht die Eltern oder die Umstände der Vergangenheit dafür verantwortlich machen, sondern nur sich ganz alleine. Wenn man sich entscheidet, das eigene Leben wirklich leben zu wollen, muss man den Blick von der Vergangenheit lösen und sich der Gegenwart zuwenden.

Das allerdings ist nicht einfach. Denn schließlich lebt man schon einen langen Zeitraum mit dem Bewusstsein, dass die Vergangenheit eine Last ist. Ein wichtiges Ergebnis der Gedächtnisforschung kann beim Umdenken helfen: Sie fand heraus, dass

Erinnerungen an Vergangenes, seien sie noch so klar, niemals ganz objektiv sind. Zum Beispiel kann das, was man für eine eigene Erinnerung hält, auf frühen Erzählungen basieren. Die Geschichte, wie man mit dem Fahrrad fast unter die Räder gekommen wäre, wie man aus Angst vor Strafe nicht nach Hause gekommen ist oder wie Vater die Mutter verlassen hat, als man vier Jahre alt war, diese Geschichte hat man so oft gehört und sich seine eigenen Bilder dazu gemacht, bis man glaubte, sich wirklich selbst daran erinnern zu können.

Die Psychologinnen Tatjane Keiner, Muriel Macé und Erika Theobald erklären dieses Phänomen an einem Beispiel. Das Mädchen Muriel kann sich „sehr gut daran erinnern, wie ihr der Großvater im Frühling in der Bretagne das Drachensteigen beigebracht hat. Jahrelang war dieses Ereignis eine sehr wichtige Kindheitserinnerung, die sie in allen Details wiedergeben konnte. Aber als sie eines Tages mit ihrer Mutter darüber sprach, war diese sehr erstaunt, denn die Familie war nie mit dem Großvater zusammen in der Bretagne gewesen. Es stellte sich heraus, dass sich in der Erinnerung zwei oder mehrere Ereignisse miteinander verknüpft hatten und so zu einem einzigen Erlebnis zusammengeschmolzen waren. Es handelte sich also nicht um die genaue Wiedergabe eines Ereignisses, sondern um eine konstruierte Erinnerung."

Auch das ständige Wiederholen einer Erinnerung kann diese verändern, wie die Psychologinnen ausführen. Wenn man immer und immer wieder eine Szene von früher erzählt, dann heißt das nicht, dass die Erinnerung auch genau ist. „Denn beim wiederholten ‚Durchspielen' einer Szene können bestimmte neue Details, die der jeweilige Gesprächspartner beisteuert, nachträglich in den ‚Erinnerungsfilm' eingebaut werden." Das Gehirn hat die Fähigkeit, konstruktiv mit Erinnerungsmaterial umzugehen.

Auch andere Einflüsse können Erinnerungen verzerren: So erinnern wir uns bevorzugt an das, was unserem Selbstbild entspricht. Haben wir ein Bild von uns als Superman oder Goldmarie, dann werden wir uns vor allem an jene Ereignisse erinnern, in denen wir Großes geleistet haben oder in denen uns das Glück hold war. Sehen wir uns jedoch als Verlierer, als Vernachlässigten, als Pechvogel, dann gibt es in unserer Erinnerungstruhe mit Sicherheit mehrheitlich Episoden, die dieses Selbstbild bestätigen. „Die Art und Weise, wie wir uns selbst sehen, und unsere persönlichen Interessen und Vorlieben beeinflussen unsere Erinnerungen an die Vergangenheit, je nachdem, an welchem Punkt unserer Lebensgeschichte wir uns gerade befinden und unter welchem Blickwinkel wir zurückschauen", erklären die Gedächtnisforscherinnen Keiner, Macé und Theobold.

Da die Art, wie man sich erinnert, einen Einfluss auf die psychische Verfassung hat und auch unsere Erwartungen an die Zukunft beeinflusst, ist die Erkenntnis von großer Bedeutung, dass Erinnerungen oft konstruiert sind. Wenn man seine Geschichte als Tragödie erzählt, dann sind Niedergeschlagenheit, depressive Stimmung, Hoffnungslosigkeit und Lähmung die wahrscheinliche Folge. Die weitere Entwicklung scheint dann zwangsläufig ebenfalls negativ verlaufen zu müssen. Macht man sich jedoch klar, dass das, was damals geschah, nur ein Teil der Wahrheit ist, und dass man es bis zu einem gewissen Grad in der Hand hat, ob man das Geschehene in die negative Richtung weiter vertieft oder ob man ihm eine andere Sichtweise entwickelt, dann bedeutet das auch: Man kann sich selbst eine Chance geben, die biologischen Narben der Kindheit ausheilen lassen und dem Leben damit eine Wende zum Positiveren geben. Wir können uns verändern, sagen auch Keiner, Marcé und Theobald. „Was uns vor einiger Zeit sehr betrübt hat, kann nach einem angemessenen Zeitraum der Trauer mit anderen Augen betrachtet werden. Das bewirkt, dass auch Erinnerungen anders bewertet werden und Details von traurigen Ereignissen ‚vergessen' werden können."

Wenn negative Erinnerungen überwiegen, sollte man unbedingt in Erwägung ziehen, dass sie nur einen Teil der Wahrheit widerspiegeln. Denn jede Lebensgeschichte hat sehr viel mehr Perspektiven und „Wahrheiten" als man meint. Um sein wertvolles Leben nicht im Schatten der Kindheit verbringen zu müssen, sollte man ein großes Interesse daran haben, die bisherige Erzählperspektive zu überprüfen und sie gegebenenfalls durch andere, positivere Aspekte zu ergänzen.

Wie stark die Erzählperspektive das Wohlbefinden beeinflusst, zeigt eindrucksvoll eine amerikanische Studie: Untersucht wurden über 200 Erwachsene, die nach ausführlichen Tests in drei Gruppen unterteilt wurden: die „Sicheren", die „Überlebenden" und die „Unsicheren". Als „sicher" wurden jene Teilnehmer bezeichnet, die nach eigenen Angaben eine unbelastete Kindheit erleben durften und sich in den psychologischen Untersuchungen als symptomfrei, beziehungsfähig und voller Selbstvertrauen präsentierten. „Überlebende" waren jene Menschen, die ihre Kindheit als unglücklich und belastend in Erinnerung hatten. Erfahrungen wie der Tod eines Elternteils, Scheidung der Eltern, Abwesenheit von Vater oder Mutter, Vernachlässigung, emotionale Kälte, Misshandlungen versetzten sie als Kind in Angst und Schrecken. Sie waren unglückliche, unsichere, misstrauische und ängstliche Kinder. Als Erwachsene jedoch zeigten sie in den psychologischen Tests keine Auffälligkeiten. Im Gegenteil: Sie erzielten ähnlich positive Werte wie die „Sicheren", deren Kindheit nicht von traumatischen Erfahrungen überschattet war.

Bei den als „unsicher" bezeichneten Teilnehmern zeichnete sich jedoch ein Zusammenhang zwischen schlimmen Kindheitserfahrungen und einem belasteten Erwachsenenleben ab. Die Unsicherheit, die diese Menschen in ihrer Kindheit entwickelten, zog sich durch ihr ganzes Leben. Ihre negativen Kindheitserfahrungen zeigten in den Tests Langzeitwirkung: „Unsichere" hatten als Erwachsene Schwierigkeiten mit ihren Beziehungen, waren mit ihrem Leben unzufrieden und litten unter psychischen Problemen.

Wie ist die positive Entwicklung der „Überlebenden", deren Kindheit ähnlich der Kindheit der „Unsicheren" stark belastet war, zu erklären? Die „Überlebenden" erzählten ihre Geschichte nicht nur negativ. Sie erinnerten sich neben den schlimmen Ereignissen in ihrer Kindheit auch an Positives: an einen Menschen, der sie unterstützt hat, an Erfolgserlebnisse in der Schule, an einen Freund, dem sie vertrauen konnten, an eine Kollegin, die eine wichtige Rolle gespielt hat ... Diese positiven Erfahrungen verhalfen den „Überlebenden" zu der Erkenntnis: „Ich bin ein wertvoller Mensch, auch wenn meine Eltern das möglicherweise anders gesehen haben!" Diese Einsicht ist eine wichtige Voraussetzung dafür, dass Kindheitswunden vernarben können.

Die „Unsicheren" konnten den Blick dagegen nicht weiten. Möglicherweise hatten sie tatsächlich nie etwas Positives in ihrem Leben erlebt – aber das ist eher unwahrscheinlich. Sehr viel wahrscheinlicher ist, dass sie sich zu irgendeinem Zeitpunkt ihres Leben dazu entschlossen haben, ihre Lebensgeschichte – bedingt durch die schlechten Startbedingungen – ausschließlich als Tragödie zu erzählen.

Wie der Entwicklungsverlauf der „Überlebenden" zeigt, lohnt sich eine Verbreiterung der Perspektive. Denn dies gilt für fast jedes Leben. Selbst wenn es viel Negatives in der Vergangenheit gegeben hat, so gab es mit hoher Wahrscheinlichkeit doch immer auch Bewältigungsversuche, Lösungsstrategien und Erfolgserlebnisse, die es einem Kind ermöglicht haben, auch schlimme Erfahrungen zu überstehen. Deshalb sollte man sich nicht nur die Opferfrage stellen „Was hat man mir als Kind angetan?", sondern auch die Kraftfrage: „Wie habe ich das alles überstanden?" Was oder wer hat einem dabei geholfen? Hat man möglicherweise ganz besondere Eigenschaften erworben, von denen man auch heute noch profitiert? Gab es neben dem Erlittenen nicht auch noch Positives? Einen Menschen, dem man viel verdankt (zum Beispiel einer Lehrkraft, die einen gefördert hat; einer Tante, die einem zur Seite stand) und gab es nicht auch Erfolgserlebnisse trotz oder gerade wegen der Schwierigkeiten, die man bewältigen musste? Verdankt man nicht seine große Einfühlungsfähigkeit der bedürftigen Mutter, die einen darin schulte, Wünsche zu erkennen, ohne dass sie ausgesprochen werden? Ist es nicht gerade der erfahrenen Gewalt zu verdanken, dass man heute äußerst sensibel auf Übergriffe reagiert und sich möglicherweise sogar beruflich für die Schwachen stark macht? Kann nicht das Interesse für Literatur und Musik darauf zurückgeführt werden, dass man als Kind sich in die Welt von Geschichten und Tönen flüchten konnte, wenn die Realität zu belastend wurde?

Der Perspektivenwechsel, der hier stattfindet, öffnet den Blick für die eigenen Stärken, für die Ressourcen, die man trotz oder gerade wegen der widrigen Umstände aufgebaut hat. Statt danach zu fragen, was einem durch die frühen Erfahrungen verunmöglicht wurde und noch wird, setzt der ressourcenorientierte Ansatz andere Schwerpunkte: Er fragt nach dem Gelingenden, dem Positiven, dem Freudvollen, das es auch in einem Leben gibt, das in früheren Zeiten nur im Schatten lag. Wenn es gelingt, sich nicht mehr nur ausschließlich als Opfer zu fühlen und stattdessen wieder ein Gefühl für die eigenen Stärken und Fähigkeiten zu bekommen, kann man sich von der Vergangenheit lösen und endlich sein einziges Leben befreit von frühen Lasten leben.

Dass früh Erlebtes stark machen kann – dies zeigt das Beispiel der schleswig-hosteinischen Ministerpräsidentin Heide Simonis. Sie ist überzeugt, dass sie ihren Erfolg und ihre Ausdauer der Mutter verdankt. „Die war nämlich der Meinung, dass ich ein bisschen doof geraten bin“, erzählte die Politikerin in einem Interview. Dieser Mutter, die ihr den Mund mit Seife auswusch, wenn sie „Scheiße“ sagte, die ständig an ihr herumkritisierte und das asthmakranke Kind oft jahrelang in Heime abschob – dieser Mutter wollte sie zeigen, was in ihr steckt. Später wollte sie es dann auch noch ihren Professoren beweisen, ihren Politikerkollegen und überhaupt allen, die daran zweifelten, dass Heide Simonis eine starke Frau ist.

Damit man nicht zum Chadult wird

Die Vergangenheit vergangen sein lassen – das ist ein wichtiger Prozess, den ein erwachsener Mensch unbedingt leisten muss, will er das eigene Leben zur vollen Entfaltung bringen. Zum Autor, zur

Autorin der eigenen Geschichte zu werden ist eine gute Möglichkeit, um das zu schaffen, was Psychoanalytiker die dritte Individuation nennen, womit sie die endgültige innere Ablösung von den eigenen Eltern meinen. Die *erste* Individuation findet im Kleinkindalter statt, wenn das Kind erkennt, dass es ein eigenes, von der Mutter, vom Vater unabhängiges Selbst hat. Die enge Bindung des Säuglings an die Mutter löst sich, das Kind entdeckt seinen eigenen Willen.

In der Adoleszenz findet erneut ein Ablösungsprozess von den Eltern statt – die *zweite* Individuation. Und im Erwachsenenalter schließlich müssen Töchter und Söhne sich endgültig von ihren Eltern lösen, um nicht bis ans Lebensende von deren Versäumnissen, Dominanz oder – im positiven Fall – ihrer Liebe abhängig zu bleiben. Die *dritte* Individuation ist der endgültige Schritt in die Autonomie. Wird dieser Schritt nicht gegangen, bleiben erwachsene Kinder bis zu ihrem eigenen Ende psychisch abhängig von ihren Eltern. Dann kann es passieren, dass 50- oder 60-Jährige ihren sehr alten Eltern vorwerfen: „Du hast mich nie geliebt!" Oder dass längst erwachsene Kinder zwischen sich und ihre Eltern eine große räumliche Distanz legen müssen, weil sie die alten Herschaften sonst nicht ertragen könnten. Manche Söhne und Töchter brechen den Kontakt zu ihren Erzeugern sogar vollständig ab – ein Zeichen, dass sie es nicht geschafft haben, ein autonomes Leben aufzubauen.

Die amerikanische Autorin Harriett Sarnoff Schiff bringt die Schizophrenie dieser Situation in einem Begriff zum Ausdruck: *Chadults* (zusammengesetzt aus *child*, Kind, und *adult*, Erwachsener) nennt sie die Frauen und Männer, die sich niemals von den Eltern gelöst haben und immer noch unter den Einflüssen der frühen Kindheit leiden. Ist ein Erwachsener in der Chadult-Rolle, tauchen alte Gefühle in Konfliktsituationen – oder wenn die Eltern pflegebedürftig werden – mit voller Wucht wieder auf: die frühen Verletzungen, die Wut, die Enttäuschung. Dann wirft die erwachsene Tochter ihrer Mutter vor, sie hätte sie als Kind vernachlässigt;

der Sohn, der längst eine eigene Familie gegründet hat, leidet dann immer noch unter den Bevormundungen seines Vaters. Und wenn ein Kind zu einem Chadult geworden ist, gelingt es nicht selten einem alten Elternteil, dessen Ehe extrem zu belasten.

In Jonathan Franzens Roman *Die Korrekturen* steht Gary, Abteilungsleiter einer Bank, zerrissen zwischen den Wünschen seiner Mutter und denen seiner Frau Caroline. Es kommt zum Streit, Caroline ist mit den Nerven fertig: „Und du verteidigst sie auch noch! Sie geht raus zu den Mülltonnen, um zu gucken, ob da nicht auch irgendwas drin ist, was sie ausgraben und missbilligen könnte, und dann fragt sie mich, buchstäblich alle zehn Minuten: Was macht dein Rücken? Was macht dein Rücken?... Sie ist regelrecht darauf *aus*, ein Haar in der Suppe zu finden, und dann will sie *meinen* Kindern erzählen, was sie zum Abendessen in meinem Haus anziehen sollen, und du unterstützt mich nicht! Du unterstützt mich einfach nicht, Gary. Stattdessen fängst du an, dich zu entschuldigen, keine Ahnung, warum, aber ich mach das nicht noch einmal mit."

Gary ist ein Chadult. Er wagt es nicht, sich an die Seite seiner Frau zu stellen, weil er noch viel zu sehr an seine Mutter gebunden ist. Im Roman riskiert Gary durch sein Gebundensein an die Mutter nicht nur seine Ehe, er bezahlt seine fehlende Autonomie auch mit Depressionen. Auch im richtigen Leben ist das oft der Preis für die nicht gelungene dritte Individuation.

Die dritte Individuation, die endgültige Ablösung von den Eltern, kann nur gelingen, wenn man das Vergangene loslässt und das Geschehene ohne Ressentiment, ohne Wut, ohne Gefühle der Enttäuschung und Verzweiflung akzeptiert und ein für alle Mal abschließt. Dabei hilft die beschriebene Skriptanalyse, verbunden mit der Erkenntnis, dass man ab einem bestimmten Zeitpunkt selbst entscheiden kann, welche Art von Geschichte man über sein Leben erzählen will. Als erwachsener Mensch hat man die Pflicht, sich selbst gegenüber verantwortlich zu handeln. Das bedeutet, sich aus den Klauen der Vergangenheit zu befreien und sein Leben nicht durch die Regieanweisungen anderer beeinflussen zu lassen. Dazu muss man das Geschehene als Tatsache akzeptieren und verzeihen können. Wer den Eltern nicht verzeihen kann, wird sich niemals aus der belastenden Opferrolle befreien können und sein Leben lang ein hin- und her- gerissener Chadult sein – ein Zwitterwesen aus Erwachsenem und Kind. Verzeihen – dies ist wahrscheinlich eine der schwierigsten Aufgaben im Leben eines Menschen. Doch von der Bewältigung dieser Aufgabe hängt es ab, ob das eigene Leben in Autonomie und innerem Frieden weitergelebt werden kann.

Wer nichts nachträgt, lebt leichter

Die Macht vergangener Ereignisse ist am Beispiel der Kindheit besonders deutlich. Aber auch im späteren Leben gibt es immer wieder Ereignisse, die so sehr verletzen, kränken, beleidigen, das Selbstwertgefühl erschüttern, dass das Leben davon stark beeinträchtigt wird. Solche Ereignisse können einem Menschen das Dasein ziemlich erschweren oder ihn sogar – wie im Fall von Witali K. – vernichten.

„Mein Leben endete am 1. Juli 2002“, sagte Witali K. allen, die es wissen wollten. An diesem Tag verlor der Kaukasier bei einem Flugzeugabsturz am Bodensee seine Frau und seine beiden Kinder. Ein Flugzeug der Baschkirskije Lini war mit einer DHL-Frachtmaschine zusammengestoßen. Zum Zeitpunkt des Unglücks war nur ein Fluglotse des Lotsenbetriebes „Skyguide“ im Züricher Kontrollturm: Peter K. Er erkannte die Gefahr zu spät und gab dem russischen Flugkapitän eine falsche Anweisung, die zum Zusammenstoß der beiden Flugzeuge führte.

Als Witali K. vom Unglück erfuhr, eilte er sofort zur Unglücksstelle. Unter unzähligen Leichenteilen (beim Absturz kamen 69 Menschen ums Leben, darunter 48 russische Kinder und Jugendliche) fand er schließlich seine Tochter: Die Leiche der vierjährigen

Diana hing äußerlich fast unversehrt in einem Baum. „Sie kam auf die Erde wie ein Engel", sagte K. Sein Schmerz war grenzenlos. Ebenso grenzenlos war sein Hass. Er schwor Rache: Den verantwortlichen Fluglotsen werde er ausfindig machen. „Bei uns im Kaukasus werden Schurken besonders behandelt." Und er fand ihn. Im Februar 2004 stach er Peter N. vor seinem Haus im schweizerischen Kloten nieder. Auch fast zwei Jahre nach dem Unglück waren sein Hass und seine Rachsucht nicht weniger geworden.

Witali K.'s Schicksal berührt. „Ich möchte nur noch weinen", sagte eine Russin, als sie von der Rachetat erfuhr. „Um die Kinder und die Frau von K. Um den Lotsen mit seiner Familie. Und natürlich um K., diesen ganz armen Menschen."

Das Schicksal hat es mit Witali K. besonders grausam gemeint. Sicher kann jeder mitfühlen, dass er ohne seine Familie keinen Sinn mehr im Leben sieht. Viele würden in dieser Situation all ihre Verzweiflung gegen sich richten, krank und depressiv werden oder sich gar das Leben nehmen. Witali K. wählte einen anderen Weg: Er sühnte die Tat. Ob dadurch seine gemarterte Seele etwas zur Ruhe kommt, mag bezweifelt werden. Auf jeden Fall ist jetzt nicht nur das Leben der Familie K., sondern auch das Leben der Familie des Fluglotsen R. zerstört.

Witali K. wollte den Tod seiner Familie rächen. Das war sein Lebensziel, nachdem er alles verloren hatte. Er fand keine mildernden Umstände für den Fluglotsen, er konnte kein Verständnis aufbringen für dessen Situation. Es war ihm unmöglich, diesem Mann zu verzeihen. Wegen dieser seiner Unfähigkeit musste ein weiterer Mensch sterben. Dieser Fall zeigt in seiner Dramatik überdeutlich, wie zerstörerisch Hass sein kann, wie sehr es einen Menschen quälen kann, wenn er einen Schicksalsschlag oder das Tun und Lassen eines anderen nicht irgendwann als unabänderlich hinnehmen kann. Wer aus seiner Trauer oder Kränkung nicht mehr herausfindet, wen nicht anderes mehr bewegt als Rachegefühle, der ist unter Umständen – wie Witali K. – nicht nur eine Gefahr für andere, sondern auf jeden Fall immer eine Gefahr für sich selbst.

Die Unfähigkeit, verzeihen zu können, ist weit verbreitet. Glücklicherweise hat sie nur selten solch verheerende Folgen wie im Falle Witali K.s. Doch auch weniger spektakuläre Kränkungen und Verletzungen hinterlassen tiefe Spuren in der Seele dessen, der nicht verzeihen kann. Es gibt viele Anlässe, die einen in eine solch quälende Situation bringen können:

- Der Partner ist fremdgegangen.
- Die Eltern haben einen in der Kindheit geschlagen.
- Im Betrieb wurde eine Intrige geschmiedet, damit ein unfähigerer Kollege befördert werden konnte.
- Der Nachbar hat wegen einer Bagatelle einen Rechtsanwalt eingeschaltet.
- Die Tochter ist viel zu früh schwanger geworden.
- Der Sohn hat sein Studium abgebrochen.
- Die Schwester kümmert sich nicht um die alten Eltern und überlässt einem die ganze Sorge.

Wie konnte mir das nur passieren? Warum hat man mir das angetan? Solche Gedanken sind nach einer Kränkung oder einem Unglücksfall normal und verständlich. Kränkende Erfahrungen sind schmerzlich und in der akuten Phase der Verletzung ist gar nicht daran zu denken, demjenigen, der einem soviel Leid zugefügt hat, zu verzeihen. Doch wenn die negativen Gefühle auch nach Monaten oder gar Jahren nicht weichen wollen, vergiften sie das Leben. Was auch immer geschehen ist, durch wen auch immer die Wunde geschlagen wurde, sie kann nicht heilen, solange Hass, Feindseligkeit, Wut, Ärger oder Scham die Seele nicht zur Ruhe kommen lassen.

In der Religion hat das Verzeihen eine große Tradition: „Vergebt, so wird euch vergeben." „Richtet nicht, so werdet ihr auch nicht gerichtet." „Und vergib uns unsere Schuld, wie wir vergeben unseren Schuldigern." So steht es in der Bibel.

Und auch die alten Philosophen wussten bereits um die Entlastung, die im Verzeihen liegt. So meinte Epiktet: „Schädigt oder verletzt dich jemand, so denke: er glaubt, er sei im Recht. Er kann nur seinen Vorstellungen folgen, nicht jenen, die du hast. Hat er nun falsche, so ist der Schaden sein, da er sich täuscht. Wer die Wahrheit nicht erkennt, schädigt nicht sie, sondern sich selbst. Dies merke dir und du wirst Schmähungen gelassen hinnehmen. Sprich stets: er meint, recht zu handeln."

Doch diese Großherzigkeit und dieses Verständnis für denjenigen, der Schaden zufügt, ist vielen Menschen suspekt. Sie glauben, sie würden sich eine Blöße geben, wenn sie demjenigen, der ihnen etwas angetan hat, verzeihen. Sie fürchten, der andere würde vorschnell aus seiner Verantwortung entlassen, sie gönnen es ihm nicht, dass er nicht mehr mit ihren hasserfüllten Gedanken und Wünschen leben muss. Was die Gekränkten dabei meist nicht wissen: Den größten Schaden haben sie selbst.

Die Psychologie entdeckte erst in den letzten Jahren die psychisch stabilisierende Wirkung des Verzeihens. Seither bestätigt Studie um Studie: Wer verzeihen kann, ist alles andere als ein Schwächling. Verzeihen können ist ein wichtiger Bestandteil der seelischen Widerstandskraft, die Menschen brauchen, um psychisch gesund zu bleiben. Verzeihen hat nichts damit zu tun, dass man die Kränkung und Verletzung akzeptiert und den Verletzenden aus seiner Verantwortung entlässt. Vergeben bedeutet vielmehr, dass man auf Rache und Vergeltung aktiv verzichtet, und dass man den Hass, die Wut, den Ärger, den man gegenüber dem Kränkenden empfindet, ziehen lässt. Man muss dabei nicht befürchten, dass man damit dem anderen einen unverdienten Gefallen tut – denn der erfährt in vielen Fällen gar nicht, dass ihm vergeben wurde. Wer verzeihen kann, entlastet in erster Linie sich selbst und schützt sich vor den verheerenden Wirkungen andauernder negativer Gefühle. Denn Kränkung macht krank, wenn man sie nicht überwindet.

Verzeihen ist gesund

Die psychologische Forschung zeigt eindrucksvoll, dass Verzeihen oft einher geht mit einer Verbesserung der Gesundheit und des seelischen Wohlbefindens. In einer dieser Studien wurden Teilnehmer gebeten, sich an eine Kränkung oder Verletzung, zugefügt durch einen anderen Menschen, zu erinnern. Dann wurde die Hälfte von ihnen aufgefordert, die Motive des Kränkenden zu verstehen, sich in seine Situation einzufühlen und ihm seine Tat zu verzeihen. Die andere Hälfte sollte nach Rache sinnen und weiter ihre Hassgefühle pflegen. Das Ergebnis: Herzschlagrate, Blutdruck und andere Stresszeichen stiegen deutlich an, wenn die Studienteilnehmer Rachegedanken schmiedeten. Die Werte verbesserten sich jedoch deutlich, wenn sie dem Verletzenden verzeihen konnten. Die Psychologen, die diese Studie durchführten, vermuten deshalb, dass Menschen, die auf Dauer in einer Kränkung verharren, chronisch krank werden können. Auf Dauer gekränkt zu sein, dem anderen seine Tat nachzutragen, das schwächt das Immunsystem und kann zu verschiedenen Krankheiten führen.

Wer dagegen verzeihen kann, lebt nicht nur leichter, sondern auch länger. So zeigte eine Studie mit Aidspatienten: Wer denjenigen, bei dem er sich angesteckt hatte, verzeihen konnte, blieb länger gesund als Verzeihungsunwillige. Ebenso belegte eine Studie mit nordirischen Frauen, deren Söhne im Bürgerkrieg umgebracht worden waren: Die Mütter, die in ihrem Schmerz den Tätern nicht verzeihen konnten, litten unter Herzkrankheiten und einer Schwächung des Immunsystems.

Ärger und feindselige Gefühle sind erhebliche Risikofaktoren für Herzkrankheiten. So ist Ärger nicht nur ein akuter Auslöser für Herzinfarkt, sondern kann, wenn er anhält, überhaupt erst zu einer Herzkrankheit führen. Wie ist das zu erklären? Wenn man verärgert über einen Menschen ist, dann löst der Gedanke an ihn oder das, was er getan hat, im Körper eine Stressreaktion aus. Diverse Stresshormone werden ausgeschüttet, der Blutdruck steigt. Die physiologische Reaktion gleicht der bei tatsächlicher Gefahr. Doch weil gar keine Gefahr besteht, auf die der Körper mit Flucht oder Kampf reagieren könnte, baut sich die Stressreaktion nicht ab und schädigt so langfristig das Herz-Kreislauf-System.

Es gibt also gute Argumente dafür, den Kränkungen und den kränkenden Menschen nicht zuviel Macht einzuräumen. Denn dadurch vergrößert man den angerichteten Schaden durch eigenes Zutun noch. Ist man stattdessen in der Lage zu verzeihen, was vorgefallen ist, wird man die Last der Kränkung los und kann befreiter, unbeschwerter und gesünder leben.

„Vergeben und vergessen? Das kann ich auf keinen Fall!" So denken verständlicherweise die meisten Menschen, denen übel mitgespielt wurde. Doch darum geht auch nicht. Man muss nicht *vergessen*, was vorgefallen ist, um verzeihen zu können. Auch eine Versöhnung ist nicht unbedingt notwendig. Im Verzeihungsprozess geht es in allererster Linie darum, sich selbst vor den mit der Kränkung verbundenen negativen Gefühlen wie Wut und Ärger zu schützen. Es geht darum, sich selbst Gutes zu tun und das eigene Leben nicht durch Fremdeinwirkung zu sehr beeinflussen zu lassen.

Wie aber geht das, verzeihen?

Der REACH-Prozess

Verzeihen ist ein Fünf-Phasen-Prozess, den amerikanische Psychologen in dem Wort **REACH** zusammengefasst haben:

R steht dabei für *Reflexion*: Viele Kränkungen und Beleidigungen will man nicht wahrhaben. Man steckt sie scheinbar weg, geht dem Angreifer aus dem Weg. Aber man leidet unter der Wut, gerät unter Stress, wenn man den Kränkenden sieht. Es geht in dieser Phase darum, sich dem Geschehen zu stellen, auch wenn es schmerzt. Was ist genau passiert? Welche Bemerkung hat einen so getroffen? Welche Handlung des anderen bringt einen um den Schlaf?

So wollte eine Frau zum Beispiel lange Zeit nicht wahrhaben, dass eine illoyale Bemerkung einer Kollegin es ihr unmöglich machte, mit dieser wie bisher ungezwungen zu verkehren. Sie ging ihr aus dem Weg, lehnte Einladungen zum gemeinsamen Mittagessen in der Kantine ab, war nach jedem Kontakt mit der Kollegin völlig fertig. Was passiert war, wollte sie sich zunächst nicht eingestehen. Sie hatte zufällig mitgehört, wie diese Kollegin zu einer sagte: „Bei X muss man vorsichtig sein. Ich glaube, die trägt alles was sie hört, brühwarm dem Chef vor." Von ihrer Mutter kannte sie den Spruch „Der Lauscher an der Wand, hört seine eigene Schand" – und konnte deswegen die Kollegin nicht zur Rede stellen.

Reflexion bedeutet aber auch, über den eigenen Anteil am Geschehen nachzudenken: So wichtig wie die Frage „Was genau hat mich gekränkt?" sind auch Fragen nach der eigenen Rolle und dem eigenen Verhalten: „Wie hätte ich mich verhalten können, dass die andere Person nicht so ausfallend geworden wäre?" „Was habe ich dazu beigetragen, dass mein Partner mir untreu wurde?" Es ist nicht leicht, sich darauf ehrliche Antworten zu geben. Doch wenn einem das eigene Seelenheil am Herzen liegt, sollte man sich dieser Herausforderung stellen. Die möglichst sachliche Auseinandersetzung mit dem Vorfall führt zur Einsicht in eigene Schwächen und hilft, die kränkende Person als Ganzes zu sehen, also auch ihre positiven Seiten.

E steht für *Einfühlung*: Warum hat der andere so gehandelt, was könnten seine Motive, was könnte seine Verfassung gewesen sein. Gibt es mildernde Umstände? Die „Tat" soll nicht entschuldigt werden, sondern sie soll für den Betroffenen nachvollziehbar werden. Mögliche Gründe könnten sein:

- Der Angreifer hatte selbst Angst, fühlte sich bedroht oder verletzt. Vielleicht ist die Kollegin vom Chef abgemahnt worden und suchte nach einem Schuldigen?

- Möglicherweise wusste er gar nicht, dass er den anderen mit seiner Tat, seinen Worten verletzen könnte. Vielleicht ist die Kollegin einfach eine Ratschtante, die gerne über andere Schlechtes verbreitet und deren Äußerungen man nicht allzu viel Gehör schenken sollte. Gelingt das Verständnis für den „Täter", beginnt die Selbstheilungsphase.

Verständnis für den Kränkenden ist vor allem dann schwierig, wenn es sich dabei um die eigenen Eltern handelt. Wie kann man ihnen ihre Gefühlskälte, ihr Desinteresse, ihre Misshandlungen verzeihen? Das ist sicher sehr schwer, aber nicht unmöglich. Oftmals hilft es, sich über die Kindheit der eigenen Eltern zu informieren: Wie sind sie aufgewachsen, wie sind sie so geworden, wie sie sind? Wenn es geht, sollte man Mutter oder Vater (oder stellvertretend andere Verwandte) erzählen lassen, wie sie ihr Leben als Kind, Jugendlicher und junger Erwachsener erlebten, welche Hürden sie nehmen mussten, worunter sie litten und was sie freute. In die Geschichte der Eltern einzutauchen kann helfen, sie nicht mehr ausschließlich in ihrer Rolle als Vater und Mutter zu erleben, sondern distanzierter als Mann und Frau mit einem ganz bestimmten Schicksal.

A steht für *Abschiednehmen* – die Bereitschaft, die Kränkung loszulassen: Weil man um ihre Schädlichkeit weiß, ist man fest entschlossen, die negativen Gefühle loszuwerden. Die Tat soll dem anderen nicht mehr nachgetragen werden. Es wird ein Schlusspunkt gesetzt. „Was geschehen ist, ist geschehen, aber jetzt soll es kein weiteres Unheil mehr anrichten."

C steht für *Contract* – eine Art Selbstverpflichtung, das Verzeihen auch wirklich umzusetzen. Man schreibt einen Brief an den Kränkenden (den man nicht abschicken muss) oder schließt mit sich selbst einen Vertrag oder erzählt das Vorhaben einem engen Freund. Mit dem Kränkenden selbst muss man nicht unbedingt Kontakt aufnehmen. Und er muss auch nicht erfahren, dass ihm verziehen wurde. Die positive Wirkung des Loslassens tritt auch dann ein, wenn man diesen Prozess ganz im Stillen für sich alleine leistet.

H steht für *Haltbarkeit* – die Bereitschaft, auf Dauer zu verzeihen. Erinnerungen an die Kränkung werden immer wieder hochkommen. Sie sollten akzeptiert werden, doch man sollte ihnen nicht nachgeben, wenn man sich für das Verzeihen entschieden hat. Denn wenn sich mit den Erinnerungen wieder die alten

Gefühle einstellen, ist nichts gewonnen. Das konnte die amerikanische Wissenschaftlerin Barbara Fredrickson in einer Studie eindrucksvoll belegen. Sie bat 64 Frauen und Männer, sich an ein besonders ärgerliches Erlebnis zu erinnern. Diejenigen, die sich dabei wieder so aufregten, als sei die Beleidigung des Freundes, die Ignoranz des Chefs, die Untreue des Partners gerade geschehen, hatten einen deutlich höheren Blutdruck als jene, die ohne feindselige Gefühle das Erlebte noch einmal durchspielten. Ganz offensichtlich hatten die erregten Versuchspersonen ihre Kränkung noch nicht überwunden, ihr Körper reagierte bei der Erinnerung an die seelische Verletzung sofort mit einer Stressreaktion. Körperliche Gesundheit und seelisches Wohlbefinden dieser Menschen waren eindeutig in Gefahr.

Der REACH-Prozess ist nicht nur hilfreich, wenn es darum geht, anderen zu verzeihen. Manchmal ist der „Feind" gar kein anderer Mensch, manchmal ist man sich selbst so spinnefeind, dass man sich nicht verzeihen kann, was man angerichtet hat: diese dumme Bemerkung der Freundin gegenüber; diesen Versprecher im Vortrag; die Praline, mit der man die Diät durchbrochen hat; den Seitensprung, der alles zunichte machte; den Streit mit dem Nachbarn ... Anlässe gibt es tagtäglich genug, um mit sich selbst zu hadern. Doch wie die Kränkungen durch andere, sind auch die Kränkungen, die man sich selbst oder anderen zufügt, eine schwere Last für Körper und Seele und kosten Lebensfreude. Deshalb sollte man nicht nur an den Fremdverletzungen arbeiten, um sie loslassen zu können: auch die zahlreichen Selbstverletzungen wollen verziehen werden. Der REACH-Prozess, angewandt auf sich selbst, bedeutet dann:

- Sich schonungslos einzugestehen, was passiert ist: Was genau beschämt, ärgert mich so? Was habe ich genau getan und gesagt?

- Sich in den „Täter", also sich selbst, einzufühlen und Nachsicht zu üben: Warum habe ich das getan, gesagt? Wie war die Situation? Warum habe ich in diesem Moment nicht anders handeln können?

- Sich selbst verzeihen: Das bedeutet zu akzeptieren, was geschehen ist und den eigenen Fehler als menschliches Versagen hinzunehmen und nicht mehr länger darüber nachzugrübeln.

- Sich selbst versprechen, die Sache auf Dauer ruhen zu lassen. Wann immer die Erinnerung an den Fehler, die Niederlage, die Schmach wieder auftaucht – nicht vertiefen, sondern den Gedanken gleich wieder ziehen lassen.

Sich selbst verzeihen können ist vor allem auch dann ein wichtiger Akt, wenn man glaubt, im Leben gescheitert zu sein. Denn nichts scheint schwieriger zu sein, als eigene Niederlagen, gescheiterte Pläne, geplatzte Träume im Ordner „Vergangenheit" abzulegen.

Was geschehen ist, ist geschehen. Widergutmachung ist nur in sehr seltenen Fällen wirklich möglich. Dies zu akzeptieren, ist eine wesentliche Voraussetzung für Lebensglück. Erfüllend ist weder ein vorwiegend auf die Zukunft ausgerichtetes Leben, noch ein Leben, das mit dem Ballast vergangener Ereignisse belastet ist. Der Blick zurück im Zorn führt unweigerlich in die Verbitterung – und diese verkürzt und erschwert das Leben.

VII
Leben. Mit anderen
Worauf es wirklich ankommt

„Was ist für Sie das Wichtigste im Leben?“ Auf diese Frage antworten wohl die meisten Menschen ähnlich. „Mein Mann, meine Frau, meine Kinder, meine Familie, meine Freunde.“ Möglicherweise nennt jemand an erster Stelle auch die Gesundheit, aber wohl nur selten fallen einem sofort die Arbeit oder der Beruf ein. Das Wichtigste im Leben sind für die meisten Menschen andere Menschen. Sie wissen, dass enge, verlässliche Beziehungen unverzichtbar sind. Menschen, auf die man sich verlassen kann, sind Stützpfeiler im fordernden und oft überfordernden Alltag. Fehlen sie, ist das ganze Lebensgebilde instabil. Familienmitglieder, Lebenspartner und Freunde begleiten einen durch die Höhen und Tiefen des Daseins, spenden Trost und teilen die Freude, geben Rat und Rückenstärkung. „Der Mensch wird am Du zum Ich“, sagte Martin Buber. Und Ludwig Feuerbach meinte: „Nur an dem anderen wird der Mensch sich klar und selbst bewusst.“ Ohne ein Gegenüber, ohne die liebevolle Begleitung durch andere, ist das Leben eine Wüste.

Dem widerspricht niemand, darin besteht Übereinstimmung. Es ist nicht gut, dass der Mensch alleine sei, heißt es in der Bibel. Und Sigmund Freud hielt es für ein Zeichen psychischer Gesundheit, wenn ein Mensch in der Lage ist zu arbeiten *und* zu lieben.

Nimmt man diese Aussage ernst, dann muss man sich um die psychische Gesundheit der meisten Menschen große Sorgen machen. Heute leisten viele Menschen zwar Hervorragendes in der Arbeitswelt, doch ihre Liebesfähigkeit ist verkümmert: Vielen mangelt es an stabilen Bindungen in ihrem Leben. Sie vernachlässigen die Liebe zu anderen und erfahren dementsprechend wenig Zuwendung und Unterstützung. Die meisten Menschen haben heute Beziehungen, aber keine Bindungen. Unverbindlichkeit kennzeichnet ihren Umgang mit anderen. Gerade weil sie in dem einen Bereich so engagiert und beschäftigt sind, fehlt ihnen die Kraft und Zeit für den anderen: alles für die Arbeit, nichts oder wenig für die Liebe. Der Großteil der Zeit wird dem Beruf und den Alltagspflichten gewidmet, die Bindungen an andere Menschen verkümmern. Der „menschliche Faktor" kommt in vielen Leben zu kurz. Die Folge: Gefühle der Ungeborgenheit, der Isolation, des Nichtmehr-Eingebettet-Seins in eine Gemeinschaft und der Heimatlosigkeit sind weit verbreitet.

Warum es an Bindung fehlt

Die Gründe für die neue Ungeborgenheit sind vielfältig:

Zu allererst ist natürlich der viel beklagte *Zeitmangel* Schuld. Die Last, für alles selbst verantwortlich zu sein, ist so schwer, dass man glaubt, für andere Menschen keine Zeit mehr zu haben. Bis man alle Aufgaben des Tages erledigt hat, ist man schon so erledigt, dass man die wenige Freizeit, die einem bleibt, nicht auch noch teilen will. „Keine Anrufe nach 21 Uhr", sagen die einen. Andere halten sich wenigstens einen Tag am Wochenende frei von „Verpflichtungen", was oft dazu führt, dass Verabredungen mit Freunden Wochen im voraus geplant werden müssen. Spontane Begegnungen sind fast ausgeschlossen. Hat man dann schließlich einen Termin gefunden, an dem man sich treffen möchte, bedauert es man nicht selten kurz davor: Eigentlich ist man viel zu erschöpft, eigentlich wäre jetzt ein Abend vor dem Fernseher sehr viel gemütlicher, eigentlich hat man gar keine Lust zu plaudern. Man hat vergessen, dass man sich nach dem letzten Zusammensein mit anderen um so vieles besser, angeregt und bereichert gefühlt hatte …

Auch das starke Bedürfnis nach *Unabhängigkeit* ist ein Grund, warum man an anderen wenig interessiert ist. Viele Menschen glauben, andere nicht wirklich zu brauchen. Sie sind sich selbst genug, halten sich selbst für die beste Gesellschaft. Wer die Unabhängigkeit liebt, geht lieber alleine oder nur mit dem Partner ins Kino; lästige und zeitraubende Absprachen will man sich ersparen. Unabhängige fahren auch nicht mit Freunden in Urlaub, weil sie wissen, dass dann Kompromisse notwendig sind, und sie laden auch selten jemand zu sich nach Hause ein, denn auch dann müssten sie Rücksicht nehmen. Für all das haben sie keine Zeit und keine Energie. Und vor allem haben sie keine wirklich Lust auf die Gesellschaft anderer.

Paare nehmen besonders häufig eine abwehrende Haltung gegenüber anderen ein. Ihre *Zweisamkeit* ist ihnen genug, sie glauben, keinen Dritten zu brauchen. Statt ihre kostbare Freizeit mit anderen zu teilen, praktizieren sie *Cocooning*, den Rückzug in die eigenen vier Wände. Sie machen es sich mit einer Flasche Wein und Knabbergebäck vor dem Fernseher gemütlich, nichts stört ihre Harmonie. Gut, dass man die Nachbarn nicht zum Abendessen eingeladen hat. Welch ein Aufwand wäre das gewesen! Man hätte sich ein Menü überlegen, einkaufen und die Wohnung putzen müssen. Und am Ende wäre man mit einem Berg Geschirr dagestanden. Nein, gemütlich zu zweit hat man mehr vom Leben. Weil die Welt „da draußen" so anfordernd und kräftezehrend ist, will man in der Zweisamkeit mit dem Partner wieder Kraft schöpfen. Das ist eine durchaus sinnvolle Strategie, um die Energiespeicher wieder aufzufüllen. Allerdings wird sie oft mit einer Ausschließlichkeit praktiziert, die andere Menschen in die Bedeutungslosigkeit verbannt. Dass damit auch die Zweisamkeit gefährdet ist, erkennt so mancher erst, wenn es zu spät ist.

Auch die *Angst vor Verpflichtung und Verantwortung* lähmt. Ernst gemeinte Freundschaften müssen gepflegt werden. Und man muss auch für andere da sein, wenn sich diese in einer schwierigen Lebensphase befinden. Wer nur Schönwetterfreundschaften kennt, der hat keine wirklichen Freunde, sondern höchstens oberflächliche Bekanntschaften. Wirkliche Bindung erfordert manchmal Opfer und die Bereitschaft, sich einzulassen auf das Leben anderer. Enge Beziehungen können also durchaus eine Belastung darstellen. Das schreckt all jene ab, die mit ihrer Zeit nicht auskommen, immer gehetzt und am Rande des Zusammenbruchs durchs Leben eilen. Wie soll man da noch die Zeit finden für lange Telefonate mit einer Freundin, die gerade von ihrem Freund verlassen worden ist? Manche Menschen lassen deshalb andere lieber nicht so nah an sich heran – Verantwortung haben sie schließlich schon genug.

Manchmal hält auch das *unstete Leben*, das viele Menschen berufsbedingt leben müssen, davon ab, sich wirklich auf andere einzulassen. Die berufliche Mobilität ist hoch. Oft weiß man nicht, ob es sich lohnt, Freundschaften zu knüpfen, weil man vielleicht wieder wegzieht oder den Arbeitsplatz wechseln muss. Oder man hat bereits schmerzhaft erlebt, dass Freundschaften über die Distanz hinweg verloren gehen und will das nicht wieder erleben.

Auch zu *hohe Ansprüche und Mangel an Toleranz* verhindern nicht selten, dass aus vielversprechenden Bekanntschaften wirkliche Bindungen werden. Viele Menschen glauben, dass Kritik, Meinungsverschiedenheiten, unterschiedliche Geschmäcker und Vorlieben oder gar divergierende politische Haltungen in einer Freundschaft nichts zu suchen haben. Für sie ist der Spaßfaktor das wichtigste in einer Beziehung. Bleibt der Spaß aber mal aus und treten Meinungsunterschiede und Konflikte auf, dann wird schnell die Flinte ins Korn geworfen. Man hat schließlich Wichtigeres zu tun, als an einer Freundschaftsbeziehung zu „arbeiten". Dafür ist einem die Zeit zu schade.

Selbst junge Menschen haben bereits hohe Ansprüche an andere, wie eine amerikanischen Studie mit Studenten zeigt. An Universitäten gibt es die vielfältigsten Möglichkeiten, neue Menschen kennenzulernen. Studierende sind umgeben von attraktiven, intelligenten, aufgeschlossenen jungen Leuten – und doch bezeichneten sich in dieser Studie ein Großteil von ihnen als einsam. Aus zwei Gründen: Zum einen erwarteten die Studenten zu viel von ihren möglichen Freunden und Partnern. Konnten diese die hohen Erwartungen nicht erfüllen, zeigten sie ihnen schnell die kalte Schulter. Zweitens projizierten sie ihre eigenen hohen Ansprüche auf die anderen. Wenn sie glaubten, diese nicht erfüllen zu können, zogen sie sich aus Furcht vor Zurückweisung aus dem Kontakt zurück.

Nicht immer, aber doch häufiger als man denkt, steckt hinter einem solchen Verhalten eine grundlegende Angst vor anderen Menschen. Schüchternheit und soziale Ängste sind in Deutschland die zweithäufigste Angststörung (nach der Agoraphobie, der Angst vor weiten und negativ besetzten Plätzen). Menschen, die darunter leiden, wagen es nicht, vor anderen das Wort zu ergreifen, meiden nach Möglichkeit gesellige Veranstaltungen und zeigen kein Interesse, neue Menschen kennenzulernen. Sie fürchten, Fehler zu machen, abgewiesen zu werden, sich zu blamieren. Vor sich selbst verbergen sozial Ängstliche ihr Problem, indem sie die Bedeutung anderer abwerten: „Ich habe kein Interesse an diesen Partygesprächen." „Ich bin gerne alleine zu Hause." „Lieber lese ich ein gutes Buch, als mich mit völlig Fremden abzugeben." Mit dieser Verleugnungsstrategie wird jedoch die soziale Angst immer mehr verstärkt. Wer sich aus eigener Kraft nicht überwinden kann, auf andere zuzugehen, sollte therapeutische Hilfe suchen. Denn soziale Ängste können einen Menschen in die totale Isolation manövrieren.

Es gibt also viele Gründe, sich von anderen fern zu halten. „Gute" Gründe sind es in keinem Fall. Weder Zeitmangel, noch eine innige Partnerschaft, noch soziale Ängste sind akzeptable Motive, um auf enge Bindungen in seinem Leben zu verzichten. Es ist niemals eine sinnvolle Strategie, als einsamer Wolf oder einsame Wölfin durchs Leben zu streifen. Denn ein Mangel an wichtigen Beziehungen ist kein unwichtiges Detail in einem Leben. Ganz im Gegenteil: Wer über zu wenig innige Kontakte zu anderen verfügt, der setzt sein Lebensglück und seine Gesundheit aufs Spiel.

Vitamin B hält gesund

Ähnlich wie ein Vitamindefizit das physiologische Immunsystem schwächen kann, so schwächt ein Mangel an „Vitamin B", ein Mangel an Bindung, das psychische Immunsystem. Ohne dieses Vitamin kann ein Mensch nicht wirklich überleben. Denn Bindungen an andere Menschen schaffen Geborgenheit – und diese ist für die Seele so wichtig, wie Essen, Trinken und Sexualität für den Körper. Evolutionspsychologen sind heute überzeugt: Das Bedürfnis nach Zugehörigkeit und Geborgenheit ist ein Trieb, der vergleichbar ist mit dem Trieb, Hunger und Durst zu stillen. Wie dieser hat auch der Zugehörigkeitstrieb eine entwicklungsgeschichtliche Basis. Er sicherte den Menschen der Frühzeit das Überleben. In kleinen Gruppen und Clans sorgten sie für Nahrung, sie schützten sich gegenseitig vor Feinden und kümmerten sich gemeinsam um ihre Nachkommen. Auch der Wettstreit um begrenzte Ressourcen war ein mächtiger Anreiz zur Gruppenbildung. Ein einzelner Mensch zog in diesem Wettstreit immer den Kürzeren. Er war besser dran, wenn er sich einer Gruppe anschloss, sich auf Kompromisse einließ und Koalitionen bildete. Kooperation war lebenswichtig. Nicht die Stärksten überlebten, sondern jene Menschen, die stabile Beziehungen zu anderen hatten und sozusagen als gut eingespieltes Team den Gefahren der Umwelt trotzen konnten. Der Forscher Paul Bloom hat das Leben der menschlichen Vorfahren untersucht und schlussfolgert: „Der Lebensstil der Jäger und Sammler war fast ausschließlich durch Feilschen und Aushandeln , durch Diskussionen und Abmachungen geprägt. Das Leben unserer Urahnen muss eine einzige lange Encountergruppe gewesen sein."

Das Zusammenleben in der Gruppe hat den Menschen geprägt. Er hat aus dem Überlebenstrieb heraus soziale Fähigkeiten entwickelt, die ihm damals das Leben erleichterten und ihm auch heute noch nützlich sind. Die Nähe zu anderen ist zu einem Grundbedürfnis geworden, das auch in der modernen Welt sehr ausgeprägt ist, wie folgende Beobachtungen belegen:

- Unter normalen Umständen sind Menschen schnell bereit, sich mit anderen zusammenzuschließen und Freundschaften zu knüpfen. Jeder, der die Berge liebt und schon einmal in einer gemütlichen Almhütte eingekehrt ist, kann das bestätigen. Unter günstigen Umständen kommt schnell ein Gespräch am Tisch auf, Schnäpse werden gekippt, vielleicht spielt der Wirt zünftig auf – und schnell ist man beim „Du“, genießt das Zusammensein und macht sich dann gemeinsam an den Abstieg. „Wo gibt es das denn noch, dass man so gemütlich an einem so großen Tisch zusammensitzt“, freute sich mal eine Bergsteigerin auf einer Tiroler Berghütte.

- Einmal geknüpfte Kontakte und Bindungen werden oft nur widerwillig aufgegeben. Zerbrechen Freundschaften, dann ist das immer mit Abwehr und Kummer verbunden. Niemand gibt eine enge Bindung leichten Herzens auf. Dieser Unwille lässt sich sogar bei von vorneherein zeitlich begrenzten Kontakten beobachten, wie zum Beispiel bei Trainingsgruppen oder psychotherapeutischen Gruppen. Die Gruppenmitglieder verspüren am Ende einer Ausbildung oder eines Kurses regelrechten Abschiedsschmerz und sind nicht bereit, die neuen Freunde aufzugeben. Sie versprechen sich, in Kontakt zu bleiben, sich anzurufen, oder sie planen neue Gruppentreffen.

- Auch die Sitte, zu Weihnachten, zu Geburtstagen oder anderen Feierlichkeiten Karten zu verschicken, sogar an Menschen, mit denen man das ganze Jahr über keinen Kontakt hat, spricht für den Zugehörigkeitstrieb. Solange man wenigstens einmal im Jahr voneinander hört, solange ist die Beziehung nicht zu Ende. Da spielt es keine Rolle, dass der Empfänger der Karte vielleicht längst zum Fremden geworden ist.

■ Selbst Beziehungen, die als belastend erlebt werden, können nur schwer aufgegeben werden. Paare können sich häufig lange Zeit nicht voneinander lösen, obwohl die Erfahrungen mit der Beziehung alles andere als erfreulich sind. Es ist nicht nur Bequemlichkeit oder die Angst vor dem Alleinsein, die sie aneinander festhalten lässt, wie Evolutionspsychologen richtigstellen. Vielmehr spielt auch in diesen Fällen der Geborgenheitstrieb eine Rolle. Die Nähe, die man oft über Jahre hinweg aufgebaut hat, will man nicht aufs Spiel setzen.

Das ist auch der Grund dafür, warum selbst nach einer Scheidung so manche Beziehung nicht wirklich endet. Oft können sich Geschiedene, deren Ehe formal beendet ist, emotional nicht voneinander lösen. Sie bleiben über Rechtsanwälte, den Streit um Geld und Sorgerecht oder in positiven Fällen einvernehmlich über die Kinder miteinander auch emotional verbunden. Die Scheidungsforschung bestätigt: In vielen Fällen enden die ehelichen Beziehungen lange Zeit nicht. Was sich verändert, ist der äußere Rahmen, aber ehe sich das Zugehörigkeitsgefühl auflöst, muss oftmals viel Zeit vergehen.

Es scheint also tatsächlich so etwas wie einen Trieb nach Zugehörigkeit und Bindung zu geben. Bleibt er unbefriedigt, mangelt es einem Menschen an engen und verlässlichen Beziehungen, muss er dafür einen hohen gesundheitlichen Preis bezahlen. Eine Vielzahl von empirischen Studien konnte den Zusammenhang zwischen sozialer Bindung und psychischer wie körperlicher Gesundheit aufzeigen und damit die fundamentale Bedeutung der Geborgenheit belegen:

■ Die Psychologin Janice Kiecolt-Glaser untersuchte in einer Studie das Immunsystem von 75 Medizinstudenten zu drei Zeitpunkten: einen Monat vor ihrem Abschlussexamen, am Tag vor der Prüfung und Wochen nach der Prüfung. Bei allen Studenten sank die Aktivität der Killerzellen kurz vor der Prüfung. Am schwächsten ausgeprägt war die Immunabwehr aber eindeutig bei jenen Studenten, die sich selbst in einem Vortest als „einsam" bezeichnet hatten.

■ Die sogenannte Alameda-Studie, die 1979 veröffentlicht wurde, belegte ebenfalls eindrucksvoll die Bedeutung sozialer Beziehungen für die Gesundheit. Neun Jahre lang wurden 7000 Menschen in Alameda County, Californien, untersucht. Es wurde nach ihren sozialen Kontakten gefragt, ob sie verheiratet waren oder alleine lebten, wie sie mit Freunden und Verwandten Kontakte pflegten, ob sie einer Kirche angehörten oder einer anderen religiösen Gruppe, ob sie sich freiwillig engagierten und vieles mehr.

Nach Ablauf der neun Jahre wurde geprüft, welche Menschen in diesem Zeitraum verstorben waren. Insbesondere interessierte die Forscher, ob es einen Zusammenhang gab zwischen Sterblichkeitsrisiko und Bindung. Es gab ihn tatsächlich: Die Menschen, die isoliert gelebt hatten, hatten ein dreimal so hohes Risiko zu sterben wie solche mit stärken sozialen Bindungen. Das Risiko war bei jenen 10 bis 15 Prozent am größten, die sich sehr isoliert fühlten. Das Gesundheitsverhalten spielte übrigens keine Rolle. Da konnte ein Mensch rauchen, unter Übergewicht leiden und dem Alkohol zusprechen – solange er über enge soziale Kontakte verfügte, war er weniger gefährdet als sein isoliert lebender Nachbar, der ein viel besseres Gesundheitsverhalten hatte. Das Fazit der Alameda-Studie ist eindeutig: Menschen mit starken sozialen Bindungen leben länger. Dabei spielte die Art der Bindung keine Rolle. Die Beziehung zu einem liebenden Partner war ebenso wertvoll wie die Beziehung zu Freunden, das Engagement in einer Organisation oder das Eingebundensein in eine kirchliche Gemeinde.

Die Alameda-Studie ist inzwischen mehrfach wiederholt worden – in den USA, auch in Schweden, England und Finnland. Das Ergebnis war immer dasselbe: Enge, verlässliche Bindungen sind gesundheitsfördernd.

■ Das belegte auch eine Fragebogenstudie mit mehreren hundert Studenten. Diese gaben Auskunft über ihre finanzielle Sicherheit, ihr Selbstvertrauen, ihre Zukunftsängste, über Gefühle von Depression und Niedergeschlagenheit, ihr Gesundheitsverhalten,

Drogenmissbrauch – und über ihre Kontakte zu anderen Menschen. Zum Beispiel wurden den Studenten folgende Aussagen vorgelegt:

„Meine Freunde helfen mir durch schwierige Phasen."
„Es gibt Gruppen, für die ich Opfer bringe."
„Ich fühle mich meiner Familie stark verbunden."

Wer diesen Aussagen zustimmte, galt als gebunden. Wie sich herausstellte, traf das auf 80 Prozent der Befragten zu. Diese von den Forschern als „gebunden" bezeichneten Studenten waren psychisch stabil und gesund. Sie hatten ein starkes Selbstwertgefühl, pflegten intensive Freundschaften und fühlten sich in ihrer Familie wohl. Ihre Leistungen waren gut, sie hatten Freude am Studium.

Anders die ungebundenen Studenten: Sie standen sehr viel mehr unter Stress, litten unter Depressionen und hatten ein geringes Selbstwertgefühl. Ihre Leistungen ließen zu wünschen übrig und sie berichteten auch häufiger als die gebundenen von Problemen mit ihren Eltern. Auch der Drogenkonsum war unter den ungebundenen Studenten deutlich größer als unter den gebundenen.

■ Die *National Longitudinal Study on Adolescent Health*, durchgeführt an der Universität von Minnesota, ging der Frage nach, was Jugendliche gesund erhält. 12 000 Jugendliche wurden nach Stressbelastung, Suizidgedanken, Gewalterfahrungen, Zigaretten-, Alkohol-, Drogenkonsum, sexuellen Erfahrungen und auch nach ihren Erfahrungen mit Elternhaus und Schule gefragt. Es stellte sich heraus, dass es zwei Hauptschutzfaktoren für junge Menschen gibt:

1. Die Bindung an die Eltern: Wenn die emotionale Nähe zu Mutter und/oder Vater gegeben war, wenn sich ein junger Mensch von den Eltern oder einem Elternteil geliebt fühlte und davon überzeugt war, dass sich seine Eltern um ihn sorgen, war er deutlich gesünder und psychisch stabiler als ein Jugendlicher, dem diese Bindung an die Eltern fehlte.

Es spielte dabei keine Rolle, ob die Eltern noch verheiratet waren, im selben Haus lebten oder ob es gemeinsame Mahlzeiten gab. Wichtig war das Gefühl der Verbundenheit.

2. Die Bindung an die Schule: Jugendliche waren in dieser Studie deutlich gesünder, wenn sie sich von Lehrern und Mitschülern akzeptiert und fair behandelt fühlten. Waren sie jedoch vom Klassenverband ausgeschlossen, fühlten sie sich von Lehrkräften schikaniert, griffen sie deutlich häufiger zu Drogen, hatten häufiger Suizidgedanken, waren insgesamt unzufriedener mit ihrem Leben.

■ Die US-amerikanische *MacArthur Foundation* führte eine Studie über das Wohlbefinden alter Menschen durch. Und fand zwei wichtige Faktoren: Es ging vor allem jenen alten Menschen gut, die regelmäßige Kontakte zu Freunden pflegten und auch noch an Veranstaltungen teilnahmen. Die Forscher stellten aufgrund dieses Ergebnisses eine Regel für ein gesundes Alter auf: „Halte Kontakt zu Freunden und zeige Interesse für Aktivitäten und Veranstaltungen."

In einer anderen Studie zeigte sich, dass Altenheimbewohner, die regelmäßig dreimal die Woche Besuch bekamen, bessere Immunwerte aufwiesen als Bewohner, die weniger Zuwendung erhielten.

■ Wenn man eine Erkältung bekommt, dann kennt man den Grund: Ein Virus war zu stark und das eigene Immunsystem zu schwach. Aber wodurch wird das Immunsystem geschwächt? Eine Studie mit 276 Teilnehmern im Alter zwischen 18 und 55 Jahren zeigte, dass auch hier soziale Bindungen eine wesentliche Rolle spielen. Die Wissenschaftler wollten zunächst von den Studienteilnehmern wissen, wie zahlreich und wie intensiv ihre Kontakte zu Partnern, Freunden, Familienmitgliedern, Kollegen und Eltern waren. Danach infizierten sie die Freiwilligen mit Viren, die normalerweise eine normale Erkältung auslösen. Doch nicht alle Teilnehmer reagierten verschnupft. Diejenigen, die über starke Kontakte verfügten, hatten ein starkes Immunsystem. Sie blieben gesund, während Studienteilnehmer mit wenigen und schwachen Bindungen an andere Menschen eine Erkältung bekamen.

■ Zahlreiche Studien belegen: Wer sich für andere Menschen engagiert, lebt gesünder. Menschen, die als ehrenamtliche Helfer andere unterstützen, die freiwillig für ein krankes Familienmitglied sorgen oder auf andere Weise einen Teil ihrer Zeit in den Dienst eines hilflosen anderen stellen, leiden weniger unter Stress, haben weniger Depressionen, fühlen sich seltener einsam und sind körperlich gesünder als Menschen, die keine Zeit für andere haben. Wer anderen soziale Unterstützung gibt, lebt sogar länger, wie psychologische Studien belegen. Tätiges Interesse am Mitmenschen ist offensichtlich das beste Anti-Aging-Mittel. Alte Menschen, die sich für die Nöte und Probleme ihrer Mitmenschen interessieren und nicht nur Hilfe und Unterstützung von anderen erwarten, haben ein erfüllteres Leben – und sie leben auch länger.

Wie die Seele den Körper beeinflusst

Dies ist nur eine kleine Auswahl an Forschungsergebnissen, die den Zusammenhang zwischen positiven Erfahrungen und Gesundheit klar belegen. Sie stammen aus dem Bereich der Psychoneuroimmunologie (PNI), die das Zusammenspiel zwischen Psyche, Nervensystem und Immunsystem erforscht.

Diese Forschungsrichtung hat nicht nur herausgefunden, dass es einen Zusammenhang gibt zwischen seelischem Zustand und Gesundheit, sie weiß inzwischen auch, was im Körper vor sich geht, wenn es einem Menschen an Optimismus, Lebensfreude und sozialer Unterstützung fehlt.

Noch vor 15 Jahren war die Psychoneuroimmunologie ein von der etablierten Medizin belächeltes Randgebiet. Heute gilt als weitgehend gesichert, dass es eine Verbindung gibt zwischen Stress, Immunsystem und Krankheit. Studie für Studie konnten Wissenschaftler belegen, dass Gedanken, Gefühle und Erwartungen einen Einfluss auf den Gesundheitszustand des Menschen haben können. Der gemeinsame Nenner all dieser Untersuchungen: Eine positive, unbeschwerte Grundhaltung, die auch in schwierigen Situationen nicht verloren geht, ist von unschätzbarem Wert für die Gesundheit. Erlebt ein Mensch dagegen Stress, ausgelöst durch Trauer, Einsamkeit, Depression oder andere negative Ereignisse, dann werden durch diese psychischen Vorgänge im Hirn Aktivitäten ausgelöst, die langfristig zu einer Erkrankung führen können: Botenstoffe, sogenannte Neurotransmitter werden ausgeschüttet und bestimmte Gene aktiviert, die dann das Immunsystem und körperliche Vorgänge negativ beeinflussen.

Der Psychoneuroimmunologe Joachim Bauer erklärt den Zusammenhang so: „Zwischenmenschliche Beziehungen und Beziehungserfahrungen sind von außerordentlicher Bedeutung für die körperliche Gesundheit. Die faszinierendste Fähigkeit unseres Gehirns besteht darin, zwischenmenschliche Beziehungserfahrungen in biologische Signale zu verwandeln.

Jedes Gefühl, jede Wahrnehmung und jede Handlung wird vom Gehirn mit einer Ausschüttung von bestimmten Botenstoffen begleitet. Diese … setzen eine Signalkette in Gang, an deren Ende zahlreiche Gene aktiviert oder abgedreht werden, sowohl innerhalb des Gehirns als auch in den verschiedenen Organsystemen unseres Körpers, insbesondere im Herz-Kreislauf-, Magen-, Darm-, Immun- und Hormonsystem. Zwischenmenschliche Beziehungen und psychische Vorgänge haben also körperliche Auswirkungen.“

Nach den neuesten wissenschaftlichen Erkenntnissen gibt es kein „Brustkrebs-Gen“ und auch kein „Depressions-Gen“. Die Gene entscheiden nicht autonom über Gesundheit und Krankheit. Sie werden vielmehr durch von außen kommende Signale an- oder abgeschaltet. Die Wissenschaft spricht in diesem Zusammenhang von Genregulation. „Anregungsreiche und motivationsfördernde Umgebungsbedingungen aktivieren die Gene von Nervenwachstumsfaktoren und vermehren die synaptische Verschaltung von

Nervenzellen. Dagegen führen Bedrohung, Überforderung, insbesondere aber Gefährdung oder Entzug bedeutsamer Beziehungen innerhalb kürzester Zeit zur Aktivierung zahlreicher Gene, deren Produktion die verschiedenen biologischen Facetten der Stressantwort in Gang setzen", erklärt Joachim Bauer.

Trennungen, Einsamkeit, Kränkungen können also bestimmte Gene aktivieren, diese wiederum bringen Prozesse in Gang, die den Körper unter Stress setzen – zum Beispiel werden Stresshormone vermehrt ausgeschüttet –, und das alles zusammen bewirkt, dass ein Mensch krank wird.

Eine weitere Erklärung, wie Körper und Psyche zusammenwirken, kommt aus der sogenannten *mind-body*-Forschung.

Die lange vorherrschende Annahme, das Immunsystem funktioniere autonom und unabhängig vom Zentralnervensystem, gilt spätestens seit dem bahnbrechenden Experiment von Robert Ader und Nicholas Cohen von der Universität Rochester als überholt. Sie verabreichten Laborratten ein Medikament, das deren Immunabwehr schwächte und ließen sie gleichzeitig süßes Zuckerwasser trinken. Nach einiger Zeit gaben sie den Ratten nur noch Zuckerwasser, doch die Reaktionen des Immunsystem, blieben gleichermaßen negativ. Seither war klar, dass das Immunsystem keine Welt für sich ist, sondern von kognitiven Vorgängen, wie etwa Lernen, beeinflusst werden kann.

Umgekehrt kommuniziert auch das Immunsystem mit dem Gehirn. Die Mind-Body-Connection ist keine Einbahnstraße. Dringt ein Virus ins System ein, dann lösen Signale des Gehirns, vor allem des Hypothalamus, typische Krankheitsreaktionen des Körpers aus: Fieber, Appetitmangel, Inaktivität, Freisetzung von Stresshormonen. Doch woher „weiß" das Gehirn, dass eine Infektion im Körper ist? Forscher haben herausgefunden, dass bestimmte Moleküle, so genannte Cytokine, aktiv werden, sobald ein Mensch sich eine Infektion eingefangen hat. Cytokine sind wichtige Mediatoren der Immunreaktion, indem sie Entzündungen verursachen und so das Gehirn veranlassen, die Krankheitsreaktion auszulösen. Wird die Aktivität der Cytokine unterbunden – so geschehen in Tierversuchen –, dann bleibt die Krankheitsreaktion aus. Im umgekehrten Fall, wenn Cytokine künstlich dem Gehirn zugeführt werden, zeigen die Tiere typische Anzeigen für eine Infektion, obwohl sie gar nicht krank sind.

Cytokine sind aber nicht nur im Fall von körperlicher Krankheit nachweisbar, sondern auch dann, wenn die Psyche unter Druck gerät. In Tierversuchen konnte nachwiesen werden, dass Tiere, die durch soziale Isolation oder Elektroschocks in einen Stresszustand versetzt werden, mit einem massiven Anstieg von entzündungsfördernden Cytokinen reagieren und ähnliche Symptome zeigen wie Tiere, die an einer Infektion leiden. Diese Tiere sind nach einer Stressattacke körperlich krank, alle Reaktionen, die auch nach einer Infektion auftreten, können beobachtet werden. Die Merkmale der Krankheitsreaktion – Appetitlosigkeit, mangelndes Interesse, Energiemangel, Schmerzempfindlichkeit, Abnahme von sexuellem Interesse, Depression – sind sowohl bei Virusattacken als auch bei Stress vorhanden.

In einer Analyse von über 176 Studien konnte Janice Kiecolt-Glaser bestätigen, dass negative Emotionen und Stress direkt die Produktion von entzündungsfördernden Cytokinen stimulieren. Dadurch könnten kardiovaskuläre Erkrankungen, Osteoporose, Arthritis, Typ 2-Diabetis, verschiedene Krebsarten, Alzheimer und Erschöpfung ausgelöst werden.

Auch bei einer von ihr und ihrem Mann Robert Glaser durchgeführten Studie zur Wundheilung spielten Cytokine eine heilungshemmende Rolle: Die beiden Forscher fügten 13 Frauen, die einen an Alzheimer erkrankten Angehörigen pflegten, eine kleine Wunde zu. Als Kontrollgruppe dienten 13 gleichaltrige Frauen, die in einer entspannteren Lebenssituation waren. Die Wunden der stark belasteten Frauen heilten im Durchschnitt um 24 Prozent langsamer als die der Kontrollgruppe. Auch Prüfungsstress verzögert die Wundheilung, wie eine weitere Studie nachwies.

Bindung verlängert das Leben

Es besteht kein Zweifel mehr daran: Das Leben ist nicht nur gesünder, sondern auch dauerhaft freudvoller, wenn man nicht isoliert auf einer Insel lebt, sondern sein Leben mit anderen teilt. So zeigen psychologische Studien, dass Menschen, die sich selbst als rundum glücklich bezeichnen, keineswegs besondere Glückspilze sind. Weder haben sie im Lotto gewonnen, noch leben sie in Saus und Braus, noch sind sie attraktiver als andere. Sie unterscheiden sich nur in einem wesentlichen Punkt von den weniger Glücklichen: Sie fühlen sich in einem kleinen Kreis von wohlgesinnten Menschen gut aufgehoben, sie haben ein stabiles soziales Umfeld, auf das sie sich verlassen können.

Auch eine aktuelle Umfrage aus der Türkei – die erste dieser Art – zeigt, welch enorme Bedeutung Menschen füreinander haben. 5304 Türken über 18 Jahren gaben Auskunft darüber, was ihr Leben glücklich mache. Dazu muss man wissen: Fast 30 Prozent der 68 Millionen Türken leben unter der Armutsgrenze. Aber nur weniger als zehn Prozent der Befragten bezeichneten sich als „unglücklich oder sehr unglücklich". 60 Prozent hielten sich für „glücklich oder sehr glücklich". Was sind die Quellen ihres Glücks? Wohlstand und Reichtum können es nicht sein. So hielten auch nur sieben Prozent ein hohes Einkommen für die Ursache ihres Glücks. 26 Prozent nannten die „Liebe der Eltern", 17 Prozent die Liebe zum Ehepartner, 12 Prozent sehen in ihren Kindern die Wurzeln ihrer Zufriedenheit, 19 Prozent führen sie auf ihre „Gesundheit" zurück.

Auch diese Befragung bestätigt: Enge Bindungen machen das Leben reicher und befriedigender. Sie können sogar existentielle Nöte lindern.

Wenn man andere Menschen in sein Leben lässt, und wenn diese Menschen ihrerseits einen teilhaben lassen an ihrem Erleben, dann wird das Leben in einer Weise vielfältig und lebendig, wie es ohne die anderen nicht möglich wäre. „Was gibt ein Mensch dem anderen?“, fragt Erich Fromm und antwortet: „Er gibt etwas von sich selbst, vom Kostbarsten, was er besitzt, er gibt etwas von seinem Leben. Das bedeutet nicht unbedingt, daß er sein Leben für den anderen opfert – sondern daß er ihm etwas von dem gibt, was in ihm lebendig ist. Indem er dem anderen auf diese Weise etwas von seinem Leben abgibt, bereichert er ihn, steigert er beim anderen das Gefühl des Lebendigseins und verstärkt damit dieses Gefühl des Lebendigseins auch in sich selbst.“

Andere Menschen können das Leben nicht nur lebendiger und bunter machen, durch die Erlebnisse mit anderen und durch die Erfahrungen anderer gewinnt man sogar in gewisser Weise Lebenszeit hinzu, meint der Philosoph Odo Marquard. „Das Menschenleben ist kurz. Dieses kurze Leben leben wir obendrein nur ein einziges Mal. Auch deswegen benötigen wir mehr Lebenszeit, als wir haben, um mit unserem Leben fertig zu werden.“ Dieses Mehr an Lebenszeit gewinnt man nicht durch Anti-Aging-Produkte oder andere Lebensverlängerungsmaßnahmen. Es sind andere Menschen, die uns dieses Geschenk machen können. Wir brauchen, so der Philosoph „unsere Mitmenschen, die ja viele sind mit vielen – bunten – Lebenszeiten, an denen wir teilnehmen können und so – in gewisser Hinsicht – auch ihre Leben und Lebenszeiten haben. Mit so vielen Mitmenschen man kommuniziert, so viel mal ist man ein Mensch.“ Für Marquard steht fest, dass man seine kurze Lebenszeit durch den intensiven Kontakt mit anderen verlängern kann.

Der Schriftsteller Marcel Proust war da ganz anderer Meinung. „Konversation als Ausdruck von Freundschaft“ hielt er für „oberflächliches Geschwätz, aus dem sich keinerlei Nutzen ziehen lässt. Man könnte ein ganzes Leben verplaudern, ohne etwas anderes zum Ausdruck zu bringen als die unendlich wiederholte Leere eines Augenblicks.“ Mag sein, dass das seine ganz persönliche Erfahrung war. Die psychologische Forschung – und sicher auch eigene Erfahrung – bestätigt jedoch den Philosophen Marquard: Andere Menschen sind eine Bereichung fürs eigene Leben.

■ Gespräche mit der älteren Generation, aber auch mit jüngeren Menschen verhelfen zu Erfahrungen und Sichtweisen, die man in seinem eigenen kurzen Dasein vielleicht nicht erwerben könnte.

■ Der Gedankenaustausch mit Freunden und Freundinnen lässt einen teilhaben an ihrem Leben. Wie wird der Alltag bewältigt, wie sehen sie dieses oder jenes, worüber machen sie sich Sorgen, was bereitet ihnen Freude?

Andere Welten eröffnen sich, andere Meinungen bereichern, andere Problemlösungen wirken beispielhaft.

■ Auch Menschen, die einem nicht so nahe stehen, können das eigene Leben bunter machen. Das Interesse für den Kollegen, die Nachbarin, die Mitreisenden im Zugabteil, den Sachbearbeiter bei der Bank, erweitert den eigenen Horizont, bringt auf neue Ideen oder bereitet schlicht und einfach Freude. „Stell dir vor, was mir der Reisende im Zug erzählt hat …", „Du glaubst nicht, was heute der Nachbarin passiert ist …", „Heute habe ich von X eine guten Tipp bekommen …", „Die Erzieherin im Kindergarten hat gemeint, unser Kind hat musisches Talent …" Andere Menschen sehen anderes als man selbst, andere Menschen erleben anderes als man selbst, andere Menschen denken anders als man selbst – und all das bereichert das eigene kleine, endliche Leben um vielfältige Eindrücke, Erfahrungen und Wissen. Mit Hilfe anderer kann man selbst weiser werden.

Geschichten, die uns andere erzählen, Erfahrungen, die sie uns mitteilen, Ängste, zu denen sie sich bekennen, Freuden, die sie erleben – all das eröffnet neue Perspektiven. Wer sich abschottet von seiner Umwelt, keine Zeit und kein Ohr mehr für andere hat, dessen Leben wird auf lange Sicht öde und eindimensional. Statt in einem großen Haus mit vielen Zimmern, lebt man dann in einer engen Ein-Zimmer-Wohnung. Odo Marquard spricht von „Lebenspluralisierung", die durch die Kommunikation mit anderen zustande kommt und aus einem einzigen, kurzen Leben viele Leben zaubert. Wer bereit ist, das Leben anderer Menschen in Teilen mit zu leben und wer zulässt, dass diese anderen auch am eigenen Leben teilnehmen, ist auf der Gewinnerseite. Sein Leben wird bunter, lebendiger, seine Erlebnisse vervielfältigen sich.

Sein Leben anderen erzählen und sich von ihnen ihr Leben erzählen lassen – das macht in gewisser Weise unsterblich. So wie sich früher die Menschen am Lagerfeuer von ihren Heldentaten in der Savanne erzählt haben, so brauchen auch moderne Menschen die Erzählung. Nur über das Erzählen kann man andere Menschen an sein Leben heranführen – und nur über die Erzählungen anderer kann man teilnehmen an ihrem Leben.

In dem Film *Big Fish* von Tim Burton nervt Edward Bloom (gespielt von Albert Finney) seinen Sohn William (Billy Crudup) sein Leben lang mit phantastischen, unglaublichen Geschichten. Welches Stichwort ihm auch geliefert wird, der Vater hat immer eine noch tollere Geschichte parat: Er erzählt seinem Sohn von einer Hexe, die er als Junge mutig besucht und in deren Auge er seinen eigenen Tod gesehen hat; er erzählt, wie er mit einem Riesen Freundschaft geschlossen, wie er an einem Banküberfall teilgenommen und wie er einen riesigen Fabelfisch gefangen hat. Je älter der Sohn wird, umso genervter ist er von diesen Lügengeschichten. Als der Vater auf dem Sterbebett liegt, will er von ihm endlich erfahren: „Wer bist du eigentlich?“ Er ist der Geschichten überdrüssig, er möchte, dass der Vater ihm endlich Einblick gewährt in sein Leben, wie es wirklich war. Doch der Vater hat wieder nur Geschichten für ihn.

Langsam, ganz langsam aber dämmert es dem Sohn: In seinen Geschichten teilt ihm der Vater durchaus mit, wer er ist. Sie alle enthalten einen Kern Wahrheit. Und am Ende, auf der Beerdigung des Vaters, zeigt sich: Alle Geschichten hatten wirklich mit ihm zu tun. Der Vater hatte seine Erlebnisse nur phantasievoll ausgeschmückt, um sein Leben und damit auch das seiner Zuhörer bunter zu gestalten.

Big Fish ist ein märchenhafter Film über das Geschichtenerzählen. Er zeigt, dass man unsterblich werden kann, wenn man andere erzählend an seinem Leben teilhaben lässt. Denn als der Vater tot ist, erzählt sein Sohn William seinem eigenen Sohn die Geschichten des Großvaters, und der Enkel stößt damit bei seinen Spielkameraden auf großes Interesse …

Was dieser Film auch zeigt: Erzählend andere am Leben teilhaben lassen und damit zu beeindrucken – das gelingt nur, wenn die Geschichten ein tatsächliches Bild vom Erzähler vermitteln. Wer nur über seine beruflichen Erfolge redet, damit prahlt, wieviel Stunden pro Woche er arbeitet und wie genial er das lukrative Projekt an Land gezogen hat, der wird andere Menschen nur schwer für sich interessieren können.

Bindungen verlängern das Leben nicht nur, weil sie die eigenen Erfahrungen mit fremden anreichern. Wer in schwierigen Zeiten jemanden hat, dem er sich anvertrauen kann, der sich für seine Sorgen und Probleme interessiert, ist geschützter vor krankmachender Hoffnungslosigkeit, Depression und anderen Krankheiten. Wenn man anderen erzählen kann, was einem widerfahren ist oder was einen quält, teilt man im wahrsten Sinn des Wortes die Last. Gespräche erleichtern und bewahren vor Verzweiflung.

Der Psychologe Reinhard Tausch hat in einer eigenen Studie belegen können, wie hilfreich es sein kann, wenn man jemanden zum Reden hat. Er befragte mehrere hundert Personen, wie sie mit bestimmten seelischen Belastungen und Stress am besten fertig werden. Das Ergebnis war eindeutig: Gleichgültig, ob es um die Bewältigung von Trennungen oder anderen schweren existentiellen Lebenskrisen ging, um scheinbar unlösbare Alltagsprobleme oder um Schuldgefühle – am meisten half es den Befragten, wenn sie mit einem verständnisvollen Menschen darüber reden konnten. Umkehrt meinten viele auf die Frage „Was fördert sorgenvolles Grübeln?“: „Wenn ich mit niemandem reden kann, wenn ich alleine bin.“

Dass oberflächliche Beziehungen in schwierigen Lebensphasen nicht sehr hilfreich sind, zeigt ein weiteres Ergebnis der Tausch-Studie. Als entlastend wurden Gespräche nur dann empfunden, wenn der Zuhörende bestimmte Qualitäten hatte: Er brachte dem Redenden Achtung, Wärme und Zuwendung entgegen, hörte aufmerksam und mitfühlend zu, kritisierte nicht, sprach nicht von sich selbst, versuchte zu verstehen, was im Erzählenden vor sich ging. Sieht man einmal von professionellen Helfern ab, können hilfreiche Gesprächspartner in Krisensituationen also nur Menschen sein, zu denen man eine Bindung aufgebaut hat. Entfernte Bekannte, Kneipenfreundschaften, Bekanntschaften eignen sich dafür nicht.

Nicht jeder Kontakt ist eine Bindung

Die Beweise sind inzwischen überwältigend: Fehlen positive Erfahrungen, hat man zu wenig verlässliche Bindungen an andere Menschen und mangelt es an sozialer Unterstützung, dann ist die körperliche und seelische Gesundheit eines Menschen in Gefahr. Ein Leben ohne ein wohlwollendes „Du“ ist ein schweres Leben. Wer glaubt, dass er andere nicht braucht oder wer sich – aus welchen Gründen auch immer – von anderen fernhält, riskiert im wahrsten Sinn des Wortes sein Leben: Soziale Isolation macht krank und kann das Leben verkürzen. Menschen brauchen einander, um das Leben genießen und gesund bleiben zu können. Fehlt ein relevanter Anderer, dann fehlt dem Leben Wesentliches. Man braucht Geborgenheit, man muss sich zugehörig fühlen – nur dann ist man wirklich gewappnet für die Herausforderungen, die das Leben bereit hält.

Nun mangelt es oft nicht an Kontakten. Im Laufe eines Tages hat man oft mit viel zu vielen Menschen zu tun: Telefonate, E-Mail-Kontakte, Geschäftsessen, Treffen mit entfernten Bekannten, Gespräche im Supermarkt, mit der Nachbarin … Diese Art von sozialer Berührung empfinden die meisten Menschen allerdings alles andere als wohltuend: Sie sind am Ende eines Tages mit menschlichen Begegnungen der oberflächlichen Art erschöpft und ausgelaugt. Diese Art von Kontakt ist auch nicht gemeint, wenn die

Rede davon ist, dass Menschen Bindung brauchen. Oberflächliche Kontakte können das Leben überwuchern wie Unkraut den Garten. Man ist zwar mit anderen in Kontakt, doch dieser Kontakt ist alles andere als befriedigend. Der Wunsch nach Geborgenheit und Zugehörigkeit wird nicht erfüllt. Der Grund: Diesen oberflächlichen Kontakten fehlen die Qualitäten, die eine enge Bindung ausmachen. Drei Bedingungen müssen erfüllt sein, damit aus einem Kontakt eine wirkliche Beziehung wird:

- Nur häufige, regelmäßige Kontakte mit immer denselben Menschen schaffen Bindung. Ständig wechselnde Kontakte sind wenig zufriedenstellend.
- Die Kontakte müssen von gegenseitiger Fürsorge und Sorge getragen werden.
- Der Kontakt muss auf Dauer verlässlich sein.

Häufigkeit und Regelmäßigkeit, gegenseitige Fürsorge und Verlässlichkeit – wenn nur eine dieser drei Bedingungen in einem sozialen Kontakt fehlt, stellt sich das Gefühl der Zugehörigkeit und der Geborgenheit nicht ein. Aber glücklich kann sich schätzen, wer in Beziehungen lebt, in denen alle drei Qualitätsmerkmale vorhanden sind. Dann hat man das beruhigende Gefühl, Teil eines größeren Ganzen zu sein.

Bindung ist gekennzeichnet durch ein ständiges Geben und Nehmen. Man gibt einem anderen Menschen etwas und bekommt etwas zurück, man erzählt von sich und der andere hört zu, der andere erzählt von sich und nun hört man ihm zu. Es ist ein harmonisches Schwingen von dir zu mir, ein Kreis, der sich öffnet und schließt. Man gibt Energie in den Kreis und erhält Energie zurück. Wenn Menschen auf einer Party durcheinander reden, lachen, ein Gast geistreicher sein will als der andere, dann kann das belebend sein. Eine Bindung entsteht dadurch aber nicht.

Nach Erich Fromm hat die Liebe zu anderen Menschen – womit er nicht nur die Liebe zum Partner meint – ganz bestimmte Grundelemente: „Fürsorge, Verantwortungsgefühl, Achtung vor dem anderen und Erkenntnis." Auch hier klingt wieder der harmonische Kreis des Gebens und Nehmens an: Füreinander da sein, sich sorgen um den anderen, und von diesem umsorgt werden. Die Bedürfnisse des anderen achten und in seinen eigenen Bedürfnissen von ihm geachtet werden. Den anderen anerkennen, wie er ist und selbst wiederum von ihm anerkannt zu werden. Die Fähigkeit, den anderen wirklich zu erkennen, sich in ihn einzufühlen, zu verstehen, was in ihm vorgeht und umgekehrt von diesem selbst erkannt zu werden. Die „Liebe" für den anderen, die Bindung an ihn, schafft jene Geborgenheit, die das eigene Leben bereichert.

Die meisten Menschen wissen instinktiv, was Geborgenheit spendet, wie eine Untersuchung der Universitäten Bamberg, Erlangen-Nürnberg und Fribourg (Schweiz) zeigt. „Was ist Geborgenheit?", wollten die Forscher von hunderten von Frauen und Männern wissen. Sie erhielten folgende Antworten:

- „Geborgenheit vermittelt einem das Gefühl des Sich-wohl-Fühlens; man befindet sich in einer vertrauten Umgebung, wird akzeptiert, fühlt sich einfach pudelwohl."
- „Geborgenheit ist ein Gefühl, das verbunden ist mit: Sicherheit, körperlichem Wohlbefinden, Glück, Anerkanntsein so wie man ist. Verständnis, Liebe, Vertrauen. Ohne Geborgenheit kann ein Individuum keine feste eigenständige Persönlichkeit entwickeln."
- „In sich selber ruhen. Liebe, Vertrauen und Zuversicht, Wärme, Schutz, Sicherheit und Bestätigung geben und empfangen können; das Gefühl, grenzenlos geliebt und bestätigt und angenommen zu werden und vor eventuellen bösen äußeren Einflüssen beschützt zu werden."
- „Zufluchtsort bei Menschen, zu denen man immer kommen kann, wo man zur Ruhe kommt, Schutz, Wärme, zu Hause."
- „Sich wohl fühlen, unter anderen Menschen aufgenommen sein, mit sich und der Umwelt im Reinen sein, seelisch und körperlich irgendwo zu Hause sein."
- „Wärmflasche für die Seele, absolute Vertrautheit."

Und in welchen Situationen erleben Menschen Geborgenheit? Auch das wollten die Forscher erfahren. Die Antworten waren eindeutig: Geborgenheit vermitteln Freundschaften , die Familie und die Partnerschaft (in dieser Reihenfolge).

Wie aber baut man befriedigende Beziehungen auf? Wie kommt man aus der Ungeborgenheits-Falle, in die man durch Zeitmangel oder Nachlässigkeit geraten ist? Als allererstes muss man Freiräume schaffen, damit Begegnungen möglich werden. Das heißt: Man braucht Zeit. Dazu muss man unnötigen Ballast abwerfen. Zum Beispiel indem man die Zahl der oberflächlichen Kontakte auf die unbedingt notwendigen reduziert. Warum sich mit Menschen treffen, mit denen einen nichts verbindet, warum Zeit in Gemeinderatssitzungen vergeuden, wenn man anschließend immer gestresst und übermüdet nach Hause kommt? Wenn man seine Kontakte daraufhin prüfen möchte, ob sie echte Bindungen sind, kann man das leicht anhand von zwei Fragen tun:

- Fühle ich mich mit diesem Menschen oder dieser Tätigkeit wohl?
- Bedeutet mir dieser Mensch und diese Tätigkeit wirklich etwas?

Werden beide Fragen verneint, kann man sicher sein, dass es sich um oberflächliche Kontakte und Beziehungen handelt, die das eigene Leben nicht bereichern.

Wenn man auf diese Weise Ballast abgeworfen und Zeit gewonnen hat, dann kann man sich jenen Menschen zuwenden, mit denen man seinen Lebensweg wirklich teilen will.

VIII

Leben. Wozu?

Vergiss das Beste nicht: Das Leben endet

Wie bitte? Das soll das Beste am Leben sein, dass es endet? Das kann doch nur ein Mensch behaupten, der nicht gerne lebt!

Empört bis erschreckt reagieren wohl die meisten Menschen, wenn sie hören, der Tod sei etwas Gutes. Die Tatsache, sterblich zu sein, ist für die meisten so schrecklich, dass sie den Tod so gut es geht aus dem Bewusstsein verdrängen. In seinem Buch „Dynamik des Todes" schreibt der Soziologe und Anthropologe Ernest Becker: „Der Gedanke an den Tod, die Furcht vor ihm, verfolgt das Tier Mensch wie nichts sonst; er ist eine der Triebfedern menschlichen Handelns, eines Handelns, das hauptsächlich ausgerichtet ist, dem Schicksal des Todes zu entgehen oder es zu besiegen, indem wir leugnen, dass es unser aller endgültiges Schicksal ist."

Wie wenig der Tod in unserer Gesellschaft als Lebensratgeber geschätzt wird, zeigt die Abwehr, mit der dem Älterwerden begegnet wird. Niemand will älter werden, jeder möchte, so lange es geht, jung aussehen, sich jugendlich kleiden, sich jung verhalten. Diesem Wunsch kommen Medien und geschäftstüchtige Unternehmen bereitwillig nach. Unter dem Stichwort Anti-Aging werden unermüdlich neue wissenschaftliche, aber auch weniger wissenschaftliche Erkenntnisse präsentiert, die ein „junges" Alter versprechen.

Alle, die Angst vor dem Alter haben, erfahren, wie sie freie Radikale verhindern können; dass das Hormon Melatonin ein wahrer Jungbrunnen ist und vor Krebs und anderen Alterskrankheiten schützen kann; dass Wachstumshormone und künstliche Vitamine dynamisch erhalten. Frauen, die ihre jugendliche Attraktivität behalten wollen, lassen sich mit dem Nervengift Botox ihre Lebensspuren wegspritzen oder löschen gelebtes Leben durch radikale Schönheitsoperationen ganz aus. Die Angst vor der eigenen Vergänglichkeit, dem Alter und dem Sterben ist so groß, dass Menschen gierig alles aufgreifen, was ihnen ein langes Leben in Jugend verspricht. Sie preschen auf ultraschnellen Mountainbikes durch die Landschaft, machen auf Inline-Skates ihren Kindern Konkurrenz und tragen Kleidung, die für Teenager gedacht ist. Doch ganz wohl in ihrer Haut fühlen sie sich nicht. Ohne es sich einzugestehen, wissen sie im Grunde ihres Herzens, dass sie vor etwas davonlaufen: vor dem Älterwerden und letzten Endes vor dem Tod.

Weil sie sich nicht der eigenen Endlichkeit stellen, weil sie sich nicht eingestehen, dass die Naturgesetze auch für ihr Leben gelten, entscheiden sie sich für ein ärmeres, eingeschränkteres Leben. Wer den Tod nicht auf seiner Rechnung hat, für den wird das Leben unsicherer, unruhiger und in mancher Hinsicht auch beängstigender. Wer den Tod verdrängt, der handelt auf keinen Fall weise, meint der Wissenschaftler Friedrich Cramer: „Weisheit bedeutet, sich der Tatsache bewusst zu bleiben, dass man sterblich ist. Victor von Weizsäcker sagte, dass Gesundsein nicht heiße, normal zu sein. Vielmehr bedeute es, sich in der Zeit verändern, wachsen, reifen, sterben zu können. Genau dafür aber fehlt uns zunehmend das Bewusstsein. Über den Tod darf nicht gesprochen werden, auch der Arzt drückt sich davor, man tut so, als ginge es ewig weiter. Gerade in letzter Zeit wird sehr viel darüber geschrieben – auch im Zusammenhang mit Genforschung –, dass man beliebig alt werden könnte und man die Altersgene bekämpfen könnte. Das ist natürlich purer Unsinn und beruht auf eben dieser Angst vor dem Tode."

Akzeptiert man dagegen, dass das eigene Leben unweigerlich zu Ende geht, gewinnt es an Dynamik und an Klarheit. Der Tod ist tatsächlich das Beste am Leben. Denn er verhilft zu einem sinnvolleren und erfüllteren Leben.

Der Tod bereichert das Leben

Im Jahre 1922 stellte die französische Zeitung *L'Intransigeant* einigen ausgewählten Prominenten folgende Frage und bat um eine schriftliche Antwort:

„Ein amerikanischer Wissenschaftler kündigt an, die Welt, oder doch zumindest ein großer Teil Europas werde so plötzlich untergehen, daß dabei mehrere hundert Millionen Menschen den Tod fänden. Falls aus dieser Vorhersage Gewißheit würde, wie würden sich die Menschen Ihrer Meinung nach zwischen dem Zeitpunkt, da sie diese Gewißheit erlangen, und dem Zeitpunkt der Katastrophe verhalten? Und was wurden Sie selbst tun, bevor Ihre letzte Stunde schlägt?"

Unter den Prominenten, die dazu schriftlich Stellung nehmen sollten, befand sich auch der Schriftsteller Marcel Proust. Was er antwortete, berichtete Alain de Botton in seinen Buch *Wie Proust Ihr Leben verändern kann*. Proust schrieb:

„Ich glaube, das Leben würde uns ganz plötzlich köstlich erscheinen, wenn wir so sterben müßten, wie Sie sagen. Stellen Sie sich nur vor, wie viele Pläne, Reisen, Liebesaffären, Studienobjekte es – unser Leben – in aufgelöster Form enthält, unsichtbar für unsere Trägheit, die sie, der Zukunft ungewiß, unablässig aufschiebt.

Aber wenn die Gefahr besteht, daß all das auf immer unmöglich sein wird, wie schön wird es dann wieder! Ach! wenn die Katastrophe nur dieses Mal nicht stattfindet, werden wir ganz bestimmt die neuen Säle des Louvre besuchen, uns Mlle. X… zu Füßen werfen oder Indien bereisen.

Die Katastrophe findet nicht statt, wir tun nichts von alledem, denn wir fühlen uns wieder ins normale Leben versetzt, wo die Nachlässigkeit alle Wünsche abschwächt.

Und dennoch sollten wir der Katastrophe nicht bedürfen, um das Leben heute zu lieben. Dazu würde der Gedanke genügen, daß wir Menschen sind und uns noch heute abend der Tod ereilen kann."

Der Gedanke sollte genügen, dass man sterblich ist, um das Leben zu lieben. Und man kann hinzufügen: um festzustellen, was wichtig und was unwichtig ist. Denn wenn man den Tod nicht verdrängt und sich stattdessen immer bewusst ist, dass das Leben endet, trennt sich die Spreu vom Weizen, wird das Wesentliche sichtbar. Angesichts des eigenen Todes – wann immer er eintritt – erkennt man

- was für das eigene Leben wichtig ist und was man als gleichgültig vernachlässigen kann;
- dass das meiste, über das man sich aufregt, am Ende lächerlich wirkt;
- dass alles Streben nach mehr Erfolg, mehr Anerkennung, mehr Geld schon zu Lebzeiten, aber ganz sicher auch am Ende nicht glücklich macht;
- worauf es wirklich ankommt: dass man liebt und geliebt wird, dass man seine Interessen leben kann und mit sich im Reinen ist;
- dass man Spuren hinterlassen will.

Wer den Tod ins Leben integriert, der fördert seine persönliche Entwicklung, wie der Psychologe Randolph Ochsmann sagt: „Die Auseinandersetzung mit dem Tod kann eine Quelle für persönliches Wachstum und Reife sein, denn der Tod ist für uns die Grenzsituation schlechthin. Die Beschäftigung mit dem Tod kann uns dazu führen, die eigenen Werte zu überdenken. Die Perspektiven werden gewechselt. Wir erkennen, was für uns wichtig und was weniger wichtig ist. Wir werden weggeführt von trivialen Dingen, die uns im Alltag beschäftigen. Auch die Erfahrung, dass man die Angst vor dem Tod ausgehalten und gemeistert hat, ist eine Quelle der Kraft. Wie die Forschung zeigt, kann die Beschäftigung mit dem Tod dazu führen, dass Menschen ihr Leben intensiver erfahren."

Kurz war das Leben von Norbert R. Die Freunde hatten ihm ein großes Abschiedsfest ausgerichtet. Der junge Mann ging immerhin für ein halbes Jahr „in die Welt hinaus" – da wollten sie ihn nicht so sang- und klanglos ins Flugzeug steigen lassen. Es war eine rauschende Feier, sie lachten viel, tranken noch mehr und am Ende war ihnen wehmütig ums Herz. „Komm gesund wieder!", „Schreib uns!", „Pass auf dich auf!" Mit den Wünschen wehrte er zugleich seinen eigenen Abschiedsschmerz ab: „Ihr tut ja so, als käme ich gar nicht wieder."

Er kam nicht wieder. Sein Flugzeug stürzte bei der ersten Zwischenlandung kurz vor dem Madrider Flughafen ab.

Die Freunde, die vor wenigen Stunden noch mit ihm gefeiert hatten, wussten genau, welchen Flug er von Frankfurt aus gebucht hatte. Und als sie die Nachricht vom Absturz in den Nachrichten hörten, versammelten sie sich nach und nach in der Wohngemeinschaft des Verunglückten. Am Anfang überwog noch die Hoffnung, es müsse sich um ein Versehen handeln. Doch je öfter im Fernsehen die Bilder der Unglücksmaschine gezeigt wurden, je mehr Informationen einliefen, desto größer wurde die Gewissheit: Der Freund wird keine Weltreise machen. Und er wird auch nicht wieder zu ihnen zurückkommen.

Die Wochen danach verbrachten die Freunde wie betäubt. Da es keine Beerdigung gab – die Leiche konnte nicht identifiziert werden – hatten sie keinen Ort für ihre Trauer. Jeder versuchte auf seine Weise mit dem Verlust fertig zu werden, eines aber war allen gemeinsam: Wann immer sie sich jetzt trafen, berichteten sie von einem tieferen Lebensgefühl. Jetzt, wo sie erkannt hatten, wie kurz ihr Aufenthalt auf Erden war, wollten sie intensiver leben, mehr aus dem Leben machen, es weniger vergeuden, zueinander stehen, die wirklichen Werte entdecken und leben, nicht Unwichtigem hinterherhetzen. Der Tod war in ihr Leben getreten und hatte ihnen das Geschenk eines bewussteren Lebens gemacht.

Mit der Zeit ließ dieses intensive Gefühl natürlich nach. Der Alltag forderte seinen Tribut. Und dennoch: Der Flugzeugabsturz des Freundes begleitet alle aus der Gruppe bis heute. Wann immer sie am Leben verzweifeln, erinnern sie sich, dass es endlich ist – und das erleichtert es ihnen, mit Problemen besser fertig zu werden. Der Freund hatte ihnen mit seinem Tod ein großes Geschenk gemacht. So jung wie sie alle waren, hatten sie das Sterben bislang nicht als Tatsache einkalkuliert. Jetzt aber, nach dem Flugzeugabsturz, wussten sie: „Die Kunst des Lebens ist die Kunst des Sterbens", wie der Theologe Bernhard Sill schreibt. „Das Leben braucht, will es gelingen, den End- und Kontrapunkt des Todes."

Wer das Leben als endlich akzeptiert, lebt erfüllter. Wer dagegen den Tod verdrängt, ist schon zu Lebzeiten in gewisser Weise erstarrt. Das belegen Studien, die sich mit den Folgen der Todesverdrängung beschäftigt haben. Wenn Menschen das eigene Ende nicht wahrhaben wollen, dann verengt sich ihr Leben. Werden sie an das eigene Ende erinnert, neigen sie zu einem geschlossenen Weltbild, halten starr an Werten fest, sind rigide, fremdenfeindlich, vorurteilsgeladen. Sie machen andere Menschen zum Inhalt ihres Lebens, um die Todesangst abzuwehren und überfordern damit zwischenmenschliche Beziehungen. Und sie nehmen Dinge und Menschen wichtig, die für den Moment vielleicht wichtig erscheinen, es aber im Angesicht der eigenen Endlichkeit schlagartig nicht mehr sind. Die Todesfurcht vertreibt die Lebensfreude. Es passiert also genau das, was die Menschen mit der Verdrängung des eigenen Endes vermeiden wollen: Schon vor dem endgültigen Schluss verliert das Leben an Lebendigkeit.

Wer dagegen im Leben den Tod nicht aus den Augen verliert, der wird in wichtigen Situationen sich richtig entscheiden, wird kleinen Ärgernissen, aber auch größeren Schicksalsschlägen mit innerer Stärke entgegentreten können und die vielen kleinen Glücksmomente des Lebens dankbar genießen. Er bringt dann dem Leben die Achtung entgegen, die es verdient. „Das Leben kann nicht ohne den Tod gedacht werden", schreibt der Philosoph

Norbert Bobbio. „Das Leben achtet, wer den Tod achtet. Wer den Tod ernst nimmt, nimmt auch das Leben ernst, dieses Leben, mein Leben, das einzige Leben, das mir gewährt wurde, auch wenn ich nicht weiß, von wem und den Grund nicht kenne. Das Leben ernst nehmen bedeutet, uneingeschränkt, ausdrücklich und so gelassen wie möglich zu akzeptieren, dass es endlich ist."

Wenn man das Leben nicht ernst nimmt, wird der Gedanke an den Tod unerträglich und muss ins tiefste Unterbewusstsein abgeschoben werden. Je mehr man das Gefühl hat, nicht wirklich zu leben, umso mehr muss man das eigene Ende fürchten. Der Tod verliert nur für den seinen Schrecken, der überzeugt davon ist, dass er sein Leben nicht vernachlässigt. Nur dann kann man am Ende gelassen gehen, denn nur dann hat man nichts zu bereuen. So wie Monsieur Ibrahim in der Erzählung *Monsieur Ibrahim und die Blumen des Koran*, der den an seinem Sterbebett weinenden Momo tröstet:

„Ich habe ein gutes Leben gehabt. Ich habe ein schönes Alter erreicht. Ich habe eine Frau gehabt, die vor vielen Jahren gestorben ist, die ich aber noch immer liebe. Ich habe meinen Freund Abdullah gehabt, den du von mir grüßen mußt. Mein kleiner Laden ist gut gelaufen. Die Rue Bleue ist eine hübsche Straße, auch wenn sie nicht blau ist. Und außerdem hatte ich dich."

Um am Ende seines Lebens uneingeschränkt sagen zu können: „Ich habe ein gutes Leben gehabt", muss man – auch wenn es wie ein Klischee klingt – wirklich so leben, als könnte jeder Tag der letzte sein. „Gib jedem Tag die Chance, der schönste deines Lebens zu werden", meinte Mark Twain. Und in der Tat: Wer zu möglichst vielen Zeitpunkten einverstanden ist mit seinem Leben, der kann am Ende auch einverstanden sein mit dem Tod. Doch da die meisten Menschen genau wissen, ohne es sich einzugestehen, dass ihr Leben genügend Anlass zu Reue gibt, verdrängen sie die eigene Sterblichkeit – und vergeuden ihre Tage mit Nichtigkeiten.

Ein Rabbi versammelte einmal seine Schüler um sich und gab ihnen folgende Weisung: „Einen Tag vor eurem Tod müsst ihr

Buße tun!" Die Schüler schauten sich daraufhin erstaunt und leicht beunruhigt an. Schließlich fasste sich einer von ihnen ein Herz und fragte den Rabbi: „Aber woher sollen wir denn wissen, wann wir sterben?" Der Rabbi lächelte. „Seht ihr, und das ist der Grund, warum ihr heute Buße tun solltet. Denn schon morgen könnte euer Sterbetag sein. Lebt deshalb jeden Tag so, als wäre es euer letzter!"

Nur wer es wagt, eine „abschiedliche Existenz" zu führen, kann sich „einlassen auf das, was ist und was ansteht", wie die Psychoanalytikerin Verena Kast schreibt. Wem bewusst ist, dass das Leben endet, dem fällt es leichter, sein Leben voll auszuschöpfen und mutiger und risikobereiter seine eigenen Bedürfnisse und Wünsche zu realisieren. Er weiß, dass es unter Umständen keine zweite Chance geben wird, er hat ein Gespür dafür, wie wertvoll, weil begrenzt, die Zeit ist, die ihm zur Verfügung steht. Menschen, die den Tod fürchten, sind oft mutlos und resigniert und hoffen auf bessere Zeiten. Doch dadurch, so Kast, wird das Leben „nicht weniger vergänglich, es wird bloß weniger intensiv".

Wie sieht ein Leben aus, an dessen Ende der Mensch möglichst wenig zu bereuen hat? Die Antwort darauf ist einfach, wie die psychologische Forschung zeigt: Menschen bereuen in der Regel nicht so sehr, was sie getan haben. Sie bereuen all das, was sie *nicht* getan haben. Nicht genutzte Chancen, übersehene Möglichkeiten, Zögerlichkeit, Mutlosigkeit, Sicherheitsdenken – all das scheint wenig förderlich zu sein für ein Leben, das möglichst ohne Reue endet.

Damit man nichts bereuen muss

Der texanische Immobilienmakler Carthew Yorston befindet sich am 11. September 2001 mit seinen Söhnen Jerry und David frühmorgens im Restaurant des New Yorker World Trade Centers *Windows on the World*. Er ist geschieden und will seinen Jungs mit dem Ausflug nach New York etwas Besonderes bieten. Doch der so schön geplante Vater-Söhne-Trip endet in einer unbeschreiblichen Katastrophe. Sie frühstücken gerade, als um 8.46 Uhr eine Boeing in den Nordturm rast. Für Yorston und seine Kinder beginnt ein 105-minütiger verzweifelter Kampf ums Überleben.

Der französische Schriftsteller Frédéric Beigbeder hat das Wagnis unternommen, in seinem Roman *Windows on the World*, das Unbeschreibliche des 11. September in Worte zu fassen. Er versucht, sich in die Psyche von Menschen hineinzuversetzen, die wissen, dass sie nur noch kurze Zeit zu leben haben. Was tut man im Angesicht des Todes? Mit großer Wahrscheinlichkeit lässt man sein Leben an sich vorüberziehen, fragt sich, was richtig und was falsch war, was man genossen und was man versäumt hat. Auch Carthew Yorston tut das:

„Ist es ein Trost zu wissen, dass man nicht der Einzige ist, der sterben muss? Nein, ist es nicht. Wenn ich das vorher gewusst hätte, hätte ich anders gelebt. Ohne Gummi gebumst. Mary früher verlassen, mehr Reisen gemacht, Heroin und Opium genommen. Nicht so lange studiert und weniger Zeit mit Thalassotherapien vertan. Ich hätte es öfter bei Frauen probiert, statt ständig Angst vor einem Korb zu haben. Ich hätte Gangster werden und Banken ausrauben sollen, statt doof dem Gesetz zu gehorchen. Ich hätte Candace heiraten sollen, sie hätte eine schöne Witwe abgegeben. Ich hätte nicht aufhören sollen zu rauchen. Wozu auch? Um meine Lunge zu schonen? Ich hätte gerne eine Rockband gegründet, auch wenn ich dann nichts zu beißen gehabt hätte, immer noch besser als für viel Geld in diesem langweiligen Job zu versauern.

Ich hätte meinen Boss viel früher gefeuert. Dann wäre ich nach New York gezogen, hätte immer einen langen schwarzen Mantel und nachts Brillen mit dunklen Gläsern getragen, mir das ganze Jahr Selbstbräuner ins Gesicht geschmiert und in Restaurants gegessen …Ich hätte mir mehr Autos gekauft: Das viele Geld, das ich nicht ausgeben werde, grenzt doch schon an Verschwendung! Ich hätte mich gern klonen lassen. Ich hätte mir den Schädel kahl rasiert, einfach nur so. Ich hätte mal jemanden ermorden sollen, einfach nur so. Ich hätte viel mehr wagen müssen, denn jetzt ist ohnehin alles verloren.

Oder ich hätte einfach versuchen müssen, ein besserer Mensch zu sein."

Wozu die ganze Anstrengung, wozu die Anpassung, die Bravheit, die vielen Rücksichtnahmen, die Sorge um die Gesundheit, der Verzicht auf ungehemmte Lust? Der Mann im Nordturm wirft am 11. September in seiner Todesangst einen sarkastischen, zynischen Blick auf sein Leben. Dass er rebelliert gegen den plötzlichen, schrecklichen Tod, ist mehr als verständlich. Dass er sein eigenes Leben so wenig positiv sieht, ist es wohl leider auch. Denn das ist der Preis, der zu zahlen ist, wenn man das eigene Ende zu Lebzeiten ausblendet und nicht wahrhaben will, dass es eines Tages endgültig vorbei sein wird. Weil der Tod verdrängt wird, leben nur wenige Menschen so, dass sie am Ende – wann immer es sein wird – wirklich einverstanden sein können mit ihrem Leben und wenig oder gar nichts zu bereuen haben. Zu welchem Zeitpunkt man auch gerufen wird – ob „plötzlich und unerwartet" oder ob man das Glück hat sehr alt zu werden – am Ende des Lebens kann derjenige nicht in Frieden Abschied nehmen, der immer so gelebt hat, als sei das Ende offen. Denn nur wenn der eigene Tod undenkbar ist, kann man so tun, als hätte man noch alle Zeit der Welt, um irgendwann „richtig" zu leben, so, wie man es sich aus tiefstem Herzen wünscht.

Ende der 60er Jahre wurde in München der Fernsehturm gebaut. Mein Vater verfolgte den Bau mit großem Interesse. Dann war der Wunderturm 1968, nach dreijähriger Bauzeit, fertig und veränderte die Stadtsilhouette nachhaltig. „Lass uns den Turm anschauen und rauffahren", schlug meine Mutter ein ums andere Mal vor. Doch mein Vater hatte keine Zeit. „Heute nicht", sagte er dann. „Der Turm läuft uns nicht weg." Er hatte Recht: Der Turm steht immer noch. Mein Vater aber ist zwei Jahre nach Fertigstellung des Bauwerks im Alter von 54 Jahren gestorben. Mit allem hatte er gerechnet, nur nicht mit dem eigenen Ende. So kam es, dass er das neue Wahrzeichen Münchens niemals aus der Nähe sah, er niemals mit dem fantastisch schnellen Aufzug in schwindelnde 190 Meter Höhe fahren und niemals von ganz oben auf seine Heimatstadt herunterschauen konnte. – Die Dinge laufen uns nicht davon. Sehr wohl aber die Zeit.

Es mag zu verschmerzen sein, niemals auf dem Fernsehturm gestanden zu haben. Aber das Gefühl, alle Zeit der Welt zu haben, verführt einen oft auch zu Entscheidungen, die das Leben und das Lebensglück auf Dauer überschatten können.

Eine 30-jährige Frau wurde schwanger. Ungewollt. Sie geriet in Panik. Für ein Kind war sie noch nicht bereit. Ohne mit dem Kindsvater zu sprechen, unternahm sie zielstrebig alle Schritte, die sie für eine legale Abtreibung benötigte. Fünf Jahre später aber wollte sie Mutter werden. Doch nun gelang das Wunder der Zeugung nicht mehr. Ihre Chancen, mit 35 ein Kind zu bekommen, seien stark gesunken, erklärte ihr der Arzt. Sie wollte das nicht akzeptieren, hoffte auf die Reproduktionsmedizin, umsonst. Inzwischen ist sie 41 Jahre alt und kämpft immer noch mit ihrem unerfüllten Kinderwunsch.

Ein selbständiger Computerfachmann, Mitte 30, lebte seit sechs Jahren mit seiner Freundin zusammen. Sie verstanden sich gut. Nur dass sie unbedingt heiraten wollte, passte nicht in sein Konzept. Erst müsse die Firma aufgebaut und konsolidiert werden, dann – vielleicht – könne man über eine Hochzeit nachdenken, wimmelte er ein ums andere Mal ihren Wunsch ab. Der jungen Frau lag viel daran, die Beziehung zu legalisieren. Ihre Eltern hatten sich scheiden lassen, sie wollte ein stabiles Familienleben aufbauen. Nach und nach aber resignierte sie und sprach immer weniger von der Ehe. Doch eines Tages verliebte sie sich in einen Kollegen, der wie sie eine Familie gründen wollte. Als ihr Lebenspartner die Gefahr erkannte, war es bereits zu spät.

Singapur, das war ihr Traum. „Sobald ich pensioniert bin, mache ich eine Reise dorthin." Die 55-jährige Kollegin sprach schon seit Jahren von ihrem Wunsch, Singapur zu besuchen. Eine Jugendliebe von ihr lebte dort. Sie selbst hatte nie geheiratet und wollte diesen Mann, den sie nie ganz vergessen konnte, noch einmal sehen. Noch ein paar Jahre musste sie arbeiten, aber dann wollte sie aufbrechen ins Abenteuer. Dann endlich hätte sie genügend Zeit für einen mehrwöchigen Trip. Doch eines Tages, sie wollte gerade aus ihrem Auto aussteigen, erlitt sie einen Schlaganfall. Sie hatte sehr viel Glück. Doch seit dem Unglück ist sie nicht mehr dieselbe. Sie leidet unter Gleichgewichtsstörungen und Angstzuständen und musste Frührente beantragen. Jetzt hat sie viel Zeit – doch die Reise nach Singapur kann sie nicht mehr machen.

Eine 60-jährige Frau wusste, dass es ihrer fast 90-jährigen Mutter nicht sehr gut ging. Sie hatten niemals ein gutes Verhältnis gehabt, lebten distanziert voneinander in derselben Stadt. In letzter Zeit aber merkte die Tochter, dass sie sich gerne mit ihrer Mutter aussprechen wollte. Sie spürte, dass die Zeit knapp werden könnte und nahm sich deshalb ein ums andere Mal vor: „Ich besuche sie endlich mal und rede mit ihr." Doch wie es so ist: Nie war Zeit, nie konnte sie sich aufraffen. Und so blieb es bei gelegentlichen Telefonaten. Als dann an einem Montagmorgen der Hausarzt der Mutter bei ihr anrief, wusste sie sofort: „Jetzt ist es zu spät." Ihre Fragen werden auf Dauer unbeantwortet bleiben.

„Das kann ich auch später noch tun. Das läuft mir nicht weg. Jetzt ist nicht der richtige Augenblick. Erst muss ich noch das oder jenes erledigen." Wie Scarlett O'Hara in dem Roman „Vom Winde verweht" vertrösten wir uns oft selbst mit dem Hinweis „Morgen ist auch noch ein Tag." Das mag sinnvoll sein angesichts einer überbordenden „Was noch zu erledigen ist-Liste". Wenig sinnvoll ist es jedoch, wenn es um wichtige Wünsche und Lebenspläne geht. Denn je mehr man auf die lange Bank schiebt, desto mehr hat man später zu bereuen.

In einer Studie wurden 60 Erwachsene gefragt: „Wenn Sie zurückblicken auf Ihr bisheriges Leben, was bedauern Sie mehr: bestimmte Dinge getan zu haben (die sich dann als falsch herausgestellt haben); oder bedauern Sie es mehr, bestimmte Dinge nicht getan zu haben?" 75 Prozent der Befragten bedauerten es, etwas *nicht* getan zu haben. Was bereuten sie? Manche bedauerten es, in ihrem Leben zu wenig gelernt, zu wenig Bildung erworben zu haben. Andere haderten mit ihrem Leben, weil sie gebotene Chancen nicht ergriffen, auf eine Liebesbeziehung verzichtet, anderen Menschen nicht genügend Zeit gewidmet, Karrieremöglichkeiten nicht genutzt hatten. Wie ein roter Faden zog sich durch die Antworten die Erkenntnis: Es ist schlimmer, etwas im Leben nicht getan, eine Chance ungenutzt gelassen zu haben, als Fehler begangen und erfolglos gewesen zu sein. Und: Kein einziger der Befragten bereute es, zu wenig gearbeitet und zu wenig Zeit am Arbeitsplatz verbracht zu haben.

Auch in einer weiteren Studie bestätigte sich: Reue verursachen nicht falsche Entscheidungen, sondern nicht ergriffene Chancen. Den 80 Teilnehmern der Studie wurde folgende Geschichte von Dave und Jim erzählt:

Beide Männer studierten an derselben Universität, und beide erhielten die Möglichkeit, an eine bessere Universität zu wechseln. Dave schlug das Angebot aus und blieb, Jim dagegen akzeptierte das Angebot. Doch keiner von beiden war wirklich mit seiner Entscheidung glücklich. Jim bedauerte, seine alte Universität verlassen zu haben, Dave trauerte der verpassten Chance nach. Die Wissenschaftler wollten von den Teilnehmern ihrer Studie wissen: Wer bereut seine Entscheidung kurzfristig mehr: Jim oder Dave? Und: Wer bereut seinen Entschluss wohl langfristig am meisten?

Kurzfristig, so meinten 67 Prozent der Befragten, wird wohl Jim seinen Weggang heftig bereuen, doch langfristig, so die Meinung von 62 Prozent, wird wohl Dave am meisten mit seiner Passivität hadern. Die psychologische Forschung bestätigt diese Einschätzung: Eine falsche Entscheidung mag einem Menschen für kurze Zeit den Schlaf rauben, langfristig aber belasten verpasste Gelegenheiten stärker.

Dass nicht genutzte Chancen die Lebensqualität und sogar die psychische Gesundheit negativ beeinflussen können, zeigt eine weitere Untersuchung. Hier wurden 83 Frauen im Alter von 36 Jahren nach ihren Karrierevorstellungen und Lebenszielen gefragt. Zusätzlich sollten sie Auskunft darüber geben, ob sie irgendetwas in ihrem Leben hätten anders machen wollen. Ein Teil der Frauen bedauerte es, die traditionelle Frauenrolle nicht verlassen zu haben: „Ich hätte mich für den Beruf, nicht für die Familie entscheiden sollen"; „Ich hätte einen Mann heiraten sollen, der mich bei der Kindererziehung und im Haushalt unterstützt"; „Ich hätte mein Leben nicht ausschließlich nach den Bedürfnissen meines Mannes ausrichten sollen" – Äußerungen wie diese verrieten, dass es die Frauen bedauerten, nicht mehr aus ihren Fähigkeiten gemacht und sich stattdessen mit der Rolle als Hausfrau und Mutter zufrieden gegeben zu haben.

Elf Jahre später wurden die Frauen erneut befragt. Das Interesse der Forscher galt nun der Frage: Haben die Frauen eine Konsequenz aus ihrer Unzufriedenheit gezogen? Tatsächlich hatten 57 der 83 Befragten ihr Leben verändert: Sie holten Bildungsabschlüsse nach, studierten, erwarben einen Doktortitel. Sie tauschten eine unbefriedigende Arbeitsstelle gegen einen besseren Job. Sie verließen den bequemen Ehemann und begannen mit einem neuen Partner ein Leben, das ihnen mehr entsprach.

26 Frauen aber, die elf Jahre zuvor ebenfalls unzufrieden mit dem bisherigen Verlauf ihres Lebens gewesen waren, hatten nichts unternommen, um ihre Situation zu verbessern. Wie sich herausstellte, zahlten diese Frauen für ihre Unentschlossenheit einen hohen Preis: Sie waren im Alter von 47 Jahren depressiver, ängstlicher, grübelten mehr, hatten weniger Vertrauen in ihre eigenen Fähigkeiten und waren auch körperlich weniger gesund als ihre

Geschlechtsgenossinnen, die ihre Unzufriedenheit ernst genug genommen hatten, um Veränderungen einzuleiten.

Muss immer erst etwas passieren?

Manchmal öffnet ein Schicksalsschlag, wie eine Erkrankung oder der Verlust des Arbeitsplatzes, die Augen für das, was wirklich wichtig ist. Das passierte einem kinderlosen Paar, das sich über viele Jahre hinweg ganz der Karriere und dem Hausbau verschrieben hatte. Neben ihren anstrengenden Jobs als Managementberater und Universitätsdozentin kümmerten sie sich noch um die pflegebedürftigen Eltern der Frau, die im selben Haus wohnten. Beide Partner waren zeitlich so eingespannt, dass sie sich manchmal regelrecht die Klinke in die Hand gaben: Wenn der eine nach Haus kam, musste die andere weg. Dass die Ehe unter dem Stress litt, merkten sie. Aber sie hatten gar keine Zeit, miteinander darüber zu sprechen.

Doch dann war plötzlich von einem Tag auf den anderen nichts mehr wie vorher. Bei einer routinemäßig durchgeführten Vorsorgeuntersuchung entdeckte der Gynäkologe verdächtige Gewebeveränderungen in der linken Brust der Frau. Er überwies sie in die Klinik – und dann ging alles Schlag auf Schlag: Die Dozentin wurde sofort operiert und weil es sich um eine äußerst aggressive Krebsart handelte, bekam sie über viele Wochen hinweg eine intensive Behandlung mit Chemotherapie. Danach ging es ihr regelmäßig sehr schlecht, sie verlor ihre Haare und immer wieder auch ihren Lebensmut. Dann aber schlug die Behandlung an, die Hoffnung wuchs und das Paar begann, sich wieder dem Leben zuzuwenden. Über einen Punkt waren sie sich sofort einig: „So wie vorher machen wir nicht weiter!" Die Angst, einander zu verlieren, hatte sie wieder zusammengeschmiedet und sie hatten erkannt, dass sie bislang nicht nur aneinander vorbei gelebt, sondern ihr Leben insgesamt verschenkt hatten. Was früher undenkbar erschien, ließ sich jetzt problemlos in die Tat umsetzen. So manches berufliche Projekt wurde ohne große Schwierigkeiten absagt, auf einmal war es der Frau möglich, ihre Stundenzahl an der Universität zu reduzieren, und sie entschieden sich, die alten Eltern in ein Pflegeheim zu geben. Dieser Schritt, der ihnen vor der Erkrankung der Frau entsetzliche Schuldgefühle gemacht hätte, fiel nun ganz leicht.

Schicksalsschläge können in dem Sinne manchmal wirklich Glücksfälle sein. In dem Film *Und täglich grüßt das Murmeltier* erhält der TV-Moderator Phil Connors einen solchen Weckruf des Schicksals. Er hat seinen Job satt und vor allem ödet ihn die jährliche Moderation des Groundhog Day an, bei dem ein Murmeltier das Wetter des kommenden Jahres vorhersagt. Während der Groundhog-Festivitäten geschieht ihm etwas Seltsames: Er fällt in eine Zeitschleife. Jeden Morgen Punkt sechs wird er von immer demselben Sonny & Cher-Song geweckt. Und wieder und wieder läuft der Tag exakt so ab wie der vorherige. Connors verprellt die Menschen, die ihm begegnen, durch seinen Zynismus, und bei seiner Kollegin Rita, die er sehr anziehend findet, scheitert er auf immer dieselbe grandiose Weise. Doch nach und nach erkennt er die Chance, die in den ständigen Wiederholungen liegt: Er versucht, aus seinen Fehlern zu lernen und verändert sein Verhalten. Statt rüpelhaft und barsch, ist er nun freundlich, zuvorkommend und einfühlsam. Er interessiert sich für die Menschen um ihn und wird langsam vom frustrierten Menschenfeind zum beliebten Menschenfreund. Überflüssig zu sagen, dass er jetzt seine angebetete Rita für sich interessieren kann …

Muss man warten, bis eine Krankheit das Leben bedroht oder bis man durch ein Murmeltier-Ereignis aus seinem Trott gerissen wird? Braucht es den berühmten Tritt vors Schienbein? Können wir ohne die schockartige Erkenntnis, dass wir sterblich sind, nicht aus unserem Laufrad aussteigen? Man sollte, ja darf es nicht so weit kommen lassen. Aber ganz offensichtlich fällt es den meisten Menschen unter Druck leichter, ihre Angst vor Veränderung zu überwinden und eingefahrene Bahnen zu verlassen.

Eines ist sicher: Wer den Schmerz des Loslassens vermeiden will, der muss einen anderen Preis bezahlen: Das Verharren im Gewohnten führt nicht nur zu Leblosigkeit und vorzeitiger psychischer Alterung. Es erhöht auch die Gefahr, letztendlich zu viel bereuen zu müssen. Zur Erinnerung: Menschen bereuen nicht das, was sie falsch gemacht haben. Sie belastet vielmehr all das, was sie nicht in Angriff genommen haben, was sie aus Angst, Lethargie oder Ignoranz links haben liegen lassen. Denn die „unmöglichen Pläne, die nie getanen Taten (sind) wirksamer als das, was geschehen ist", schrieb der Psychosomatiker Viktor von Weizsäcker über die Folgen des ungelebten Lebens.

Wenn man den Tod nicht verdrängt, sondern ihn als Endpunkt des Lebens immer im Auge hat, dann bekommt man ganz automatisch eine andere Haltung zum Leben. Wer „abschiedlich" lebt, weiß sehr genau, dass es für vieles keine zweite Chance gibt und dass es sehr riskant sein kann, wichtige Entscheidungen, Pläne und Wünsche aufzuschieben. Denn woher weiß man, wie viel Zeit einem noch bleibt? Woher nimmt man das Vertrauen, dass das Leben schon noch lang genug dauern wird, um all das in die Tat umzusetzen, was man für wichtig hält? Deshalb: Nicht später, sondern jetzt ist der richtige Augenblick um zu handeln:

Jetzt ist der richtige Augenblick – um den Fernsehturm zu besuchen, die Traumreise zu machen, ein Kind zu bekommen, zu heiraten.

Jetzt ist der richtige Augenblick, um Menschen anzurufen, zu besuchen, zu beschenken, die einem wichtig sind.

Jetzt ist der richtige Augenblick, um die Aussprache mit der Freundin zu suchen.

Jetzt ist der richtige Augenblick, um Karten für das Theaterstück zu besorgen, das man schon lange sehen wollte.

Jetzt ist der richtige Augenblick, um sich im Sportstudio anzumelden.

Jetzt ist der richtige Augenblick, um eine Psychotherapie zu beginnen.

Jetzt ist der richtige Augenblick, um Antworten auf Fragen zu suchen und sich den anstehenden Problemen zu stellen.

Jetzt ist der richtige Augenblick, eine unglückliche, belastende Beziehung zu beenden.

Jetzt ist der richtige Augenblick, einen unbefriedigenden Job gegen eine sinnvollere Tätigkeit einzutauschen.

Jetzt ist der richtige Augenblick, um zu leben.

Und jetzt ist der richtige Augenblick, um zu dem Menschen zu werden, als der man gedacht ist.

Der Mensch werden, als der man gedacht ist

Barbara Clear? Noch vor wenigen Jahren war die bayerische Folksängerin nur ihren Freunden und einer Handvoll Fans ein Begriff. Doch seit einem Tag im April 2004 kennen sie Tausende von Angesicht zu Angesicht, und Millionen haben von ihr in der Zeitung gelesen oder im Fernsehen einen Bericht über sie gesehen. Auf welche Weise man auch von Barbara Clear erfahren hat – wohl jeder wird einen Moment bewegt innegehalten haben. Denn ihre Geschichte berührt.

Überzeugt von ihrem Talent, wollte die Sängerin beweisen, dass sie es auch ohne Unterstützung großer Plattenfirmen, ohne großen Hit im Musikgeschäft schaffen kann. Sie liebt ihre Musik, sie genießt es, vor Publikum aufzutreten, und sie wollte nicht auf das Wunder warten, entdeckt zu werden. So mietete sie kurzerhand bereits im Sommer 2001 die Münchner Olympiahalle, in der 14 000 Menschen Platz finden, und sie war überzeugt, dass sie ihr Konzert im April 2004 nicht vor leeren Rängen geben musste. Bis dahin sollten sie genügend Leute kennen, das war ihr Ziel. Um es zu erreichen, tingelte Barbara Clear durch große und kleine Orte, sang vor 25 oder 50 Zuhörern, nur selten waren es auch mal ein paar hundert. Niemand unterstützte sie dabei: Sie buchte die Veranstaltungsorte selbst, klebte eigenhändig ihre Plakate und verkaufte im Anschluss an jedes Konzert die Karten für den großen Münchner Auftritt. Preis: 10 Euro.

Irgendwann wurden die Medien auf die mutige Frau aufmerksam, denn dies ist eine Geschichte, so schrieb Jochen Temsch in der Süddeutschen Zeitung, „die selbst abgebrühte Journalisten rührt." Eine Reporterin, die für ein Fernseh-Morgenmagazin über die Folksängerin berichtete, hatte Tränen in den Augen. Selbst der gestandene Security-Mann Bernie „kämpfte gegen den Kloß im Hals", wie der STERN berichtet, und gesteht: „Ich erlebe heute etwas, das eigentlich utopisch ist."

Barbara Clears Traum wurde tatsächlich Wirklichkeit. Fast 8000 Menschen kamen im April 2004 in die große Olympiahalle und jubelten ihr zu. Einige waren kilometerweit gereist, um sie singen zu hören. Der SZ-Reporter berichtet von „weinenden Freundinnen im Publikum" und dass die Menschen am Schluss aufstanden und der Sängerin begeistert applaudierten.

Was rührt an dieser Geschichte so? Was treibt der Reporterin, dem Publikum, dem Mann von der Security und möglicherweise auch den Lesern und Leserinnen der Süddeutschen Zeitung oder des STERN Tränen der Rührung in die Augen? Warum fühlen Menschen mit einer völlig Fremden mit? Die Erklärung ist einfach: Die Tränen gelten weniger der tapferen Sängerin aus dem Bayerischen, sie gelten der eigenen Person.

Die Geschichte von Barbara Clear ist in gewisser Weise die Geschichte eines jeden Menschen. Wie sie hat jeder Träume und Sehnsüchte, wichtige Projekte und Überzeugungen, und wie sie wünscht sich jeder, es allen mal zu zeigen und endlich in die Tat umzusetzen, was man für richtig hält. Wie sagte eine Zuhörerin nach dem Konzert über Barbara Clear? „Sie ist endlich mal eine, die sich nicht verbiegt." So wie Barbara Clear möchte man auch gerne sein: mutig, durchsetzungsfähig, wissen, was man will. Doch im Gegensatz zur Folksängerin bieten nur die wenigsten den Umständen die Stirn, pfeifen auf den „richtigen" Weg und tun einfach, was sie tun müssen. Nur selten sind Menschen so überzeugt von sich, wie es ganz offensichtlich Barbara Clear ist. Zweifel an ihrem Talent kannte sie nicht und auch die Angst vor dem finanziellen Ruin oder vor der Blamage hielt sich wohl in erträglichen Grenzen – sonst hätte sie ihr Projekt nicht so konsequent durchziehen können.

Die meisten Menschen verfügen nicht über so viel Durchsetzungswillen und Selbstvertrauen. Deshalb halten sie sich lieber an Regeln und Konventionen, bleiben auf ihrem einmal eingeschlagenen Weg und lassen ihre Sehnsüchte und Bedürfnisse auf dem Lebens-Dachboden verstauben. Nur manchmal, wenn sie solch märchenhafte Geschichten hören, wie jene von der Folksängerin Barbara Clear, erinnern sie sich: „Da war doch noch was!". Dann verspüren sie auf einmal ganz deutlich die Trauer um ihr ungelebtes Leben – doch an Veränderung denken sie deshalb noch lange nicht.

Wer bin ich wirklich?

„Erkenne dich selbst", riet das Orakel von Delphi. Und im Thomasevangelium, einem von 52 Texten, die 1945 in Nag Hammadi am Toten Meer gefunden wurden, werden Jesus folgende Worte zugeschrieben: „Wenn du hervorbringst, was in dir ist, wird das, was du hervorbringst, dich retten. Wenn du nicht hervorbringst, was in dir ist, wird das, was du nicht hervorbringst, dich zerstören." Was bedeutet: Wer sein Wesen und seine Bestimmung erkennt, der wird leben. Wer dagegen seine Bestimmung verkümmern lässt, wer sich selbst nie wirklich kennenlernt, der wird sich nicht nur nicht entfalten können, er riskiert, dass das nicht Gelebte ihn vom Leben fernhält.

Wer aber kennt schon sein Wesen und seine Bestimmung? Wer weiß klare Antworten auf Fragen wie „Wer bin ich wirklich?" und „Lebe ich so, wie ich es möchte?" Wann immer man Geschichten wie die von Barbara Clear hört, wird man daran erinnert, dass diese Fragen im eigenen Leben noch unbeantwortet sind. Nicht zuletzt deshalb, weil die Antwort darauf tatsächlich oft äußerst schwer zu finden ist. Der Mensch, der man wirklich ist, der ist häufig unter einem Berg von Konventionen, Anpassungsleistungen, Gewohnheiten und Bequemlichkeiten verschüttet. Von Kind an aufgewachsen in einer Umgebung mit klaren Regeln und Werten, entwickelt sich die Mehrheit der Menschen zu Konformisten.

In den ersten Lebensjahren hat niemand eine andere Wahl. Solange man noch jung und unselbständig ist, bemüht man sich darum, andere Menschen zu erfreuen: die Eltern, die Erzieher, die Lehrer. Das gelingt am besten, indem man so lebt, wie sie es für richtig halten. Ihre Regeln, ihre Wertvorstellungen, ihre Ziele werden übernommen, in der Überzeugung, dass sie schon wissen, was gut für einen ist. Doch wenn man reifer wird, entwickelt man nach und nach mehr Unabhängigkeit und lehnt sich gegen die vorgegebenen Regeln auf. Man erkennt die eigenen Bedürfnisse und grenzt sich zunehmend gegen die Anforderungen anderer ab. Man will eine eigenständige Person sein und ein Leben leben, das sich „richtig“ anfühlt.

So sollte es sein. Doch leider ist eine solche Entwicklung nicht der Idealfall. Häufig kommt es nicht zu einer Auflehnung gegen äußere Vorschriften und Vorgaben. Häufig gelingt die Anpassungsleistung zu perfekt, die Rebellion bleibt aus. Oft weil man fürchtet, sonst die Liebe der engsten Beziehungspersonen zu verlieren. Denn meist hat man schon sehr früh gelernt, dass ein braves Kind die Zustimmung seiner Umwelt erhält, dass dagegen ein allzu ausgeprägter eigener Wille auf Missfallen stößt. Wird ein Kind von den Eltern nicht so anerkannt, wie es ist, sieht es nicht den „Glanz im Auge der Mutter“ (ein Ausdruck des Psychoanalytikers Heinz Kohut), dann kann es nur schwer sein wahres Selbst entfalten. Es macht die Erfahrung: „So, wie ich bin, liebt man mich nicht“ und entwickelt ein Selbst, von dem es glaubt, dass dies bei den Menschen, von denen es sich abhängig fühlt, besser ankommt: ein „falsches Selbst“, wie der Analytiker D. W. Winnicott es nannte. Menschen mit einem falschen Selbst tun, was andere von ihnen erwarten, erfüllen die Bedürfnisse der anderen, entfremden sich aber immer mehr von den eigenen. Das tun sie so lange, bis sie gar nicht mehr wissen, ob und welche eigenen Wünsche sie gehabt haben. Weil das wahre Selbst nicht geliebt und gesehen wurde, ging es verloren.

Menschen mit einer solchen Entwicklungsgeschichte passen sich besonders stark den äußeren Vorgaben an. In Ermangelung eigener Werte und Maßstäbe übernehmen sie jene der Gesellschaft oder anderer Menschen und bemühen sich, diesen zu entsprechen. Tief in ihrem Inneren aber wissen sie, dass sie nicht wirklich sie selbst sind. Unzufriedenheit, Depressionen, psychosomatische Symptome sind der Preis, den sie dafür bezahlen. „Es ist unser Schicksal, dass, wenn wir nie die Chance hatten, uns aufzulehnen, wir die Absurdität durchleben müssen, nie ein eigenes Selbst gelebt zu haben", sagt der Psychoanalytiker Arno Gruen. Wer sich nie gegen die Bevormundungen von außen wehren konnte oder durfte, führt kein authentisches Leben. Das heißt, er hat kein Gefühl für seine Einzigartigkeit und Individualität, er weiß nicht, was der Sinn seines Lebens ist. Dann kann es passieren, das man auch später, wenn man längst erwachsen ist, die Bedürfnisse der anderen achtet und seine eigenen vernachlässigt: Man will ein guter Partner sein, man will Erfolg im Beruf haben, man will von seinen Freunden beachtet werden – und glaubt, dies am besten zu erreichen, wenn man sich an die Spielregeln der Gesellschaft, der Firma und der anderen Menschen hält. Auf diese Weise, so hofft man, werden auch die eigenen Bedürfnisse befriedigt. Dann wird man anerkannt, geliebt und muss keine Angst vor dem Alleinsein haben.

Neben der eigenen Entwicklungsgeschichte verhindert aber auch die Gesellschaft mit ihren Anforderungen an den einzelnen ein authentisches Leben. Wie Erich Fromm festgestellt hat, haben viele Menschen eine „Marketing-Orientierung". Sie erleben sich als einen Gegenstand, der auf dem Markt erfolgreich sein muss. „Der Mensch verkauft nicht nur Waren, er verkauft auch sich selbst und fühlt sich als Ware." Das Selbstgefühl eines Menschen beruht oft ausschließlich auf seiner sozio-ökonomischen Rolle. Und so antworten Menschen auf die Frage „Wer bist du?" meist mit einer Berufsbezeichnung: „Ich bin Anwalt." „Ich bin Sekretärin." „Ich bin Hausfrau und Mutter." Doch das ist nur eine Facette der Persönlichkeit. Ein Mensch ist erst dann authentisch, wenn die drei wichtigen Bereiche des Lebens in Balance sind: der Beruf, das Privatleben und die individuellen Bedürfnisse. Bei den meisten Menschen ist mindestens ein Bereich deutlich im Hintertreffen: In der Regel werden die individuellen Bedürfnisse zu Gunsten des Berufes oder der Familie hintangestellt. Manchmal bekommt ein Bereich, häufig ist es der Beruf, ein solches Übergewicht, dass für die anderen beiden Bereiche – das Privatleben und die individuellen Bedürfnisse – kein Platz mehr bleibt. Wie auch immer das Ungleichgewicht aussieht – ein Mensch ist dann nicht mit sich identisch, wenn er seinen beruflichen Rollen oder seinen privaten Aufgaben seine ganze Kraft schenkt und sich selbst dabei „vergisst". Die Überbetonung der Bereiche Beruf und/oder Privates gründet meist in der Hoffnung, dass – wenn die Pflicht getan ist –, die Belohnung in Form von Zuwendung und Anerkennung die Vernachlässigung der eigenen Bedürfnisse wieder wettmacht. Doch diese Hoffnung geht meist nicht in Erfüllung. Das aber will man nicht wahrhaben, und investiert immer mehr in die Arbeit oder kümmert sich noch mehr um die Belange der Familienmitglieder. Je weniger man bekommt, was man durch seine Anpassungsleistung erlangen will, desto mehr strengt man sich an, gefällig zu sein – und verleugnet dafür die eigenen Wünsche.

Das hat dramatische Folgen, wie Erich Fromm erklärt: Noch so viel Anpassung und Verleugnung können den Wunsch nach einem eigenen Leben nicht abtöten. Der Betreffende spürt durchaus den Mangel und die Einengung. Er möchte das Korsett der Fremdbestimmung sprengen – doch er weiß nicht mehr, was er will, denkt oder fühlt. Die eigenen Bedürfnisse sind im Prozess der Anpassung immer mehr verblasst. „Ein solcher Mensch", erklärt Erich

Fromm, „richtet sich nach anonymen Autoritäten und nimmt ein Selbst an, das nicht das seine ist. Je mehr er das tut, umso ohnmächtiger fühlt er sich, umso mehr sieht er sich gezwungen, sich anzupassen." Ein Teufelskreis, der irgendwann zum Zusammenbruch führen muss.

Jens Heyner ist ein Beispiel dafür. Schon früh im Leben hatte er gelernt: „Nur wenn ich brav bin, werde ich belohnt." Er war ein folgsames, strebsames Kind, das niemals „über die Grenzen geguckt hat", die ihm seine Eltern steckten. „Ich war immer im Rahmen des Erlaubten", erzählt Heyner der Zeitschrift *Publik-Forum*. Und er erfüllte die Erwartungen. Eine Eins im Abitur, eine Eins im Diplom, eine gut dotierte Stelle – Jens Heyner hat es zu was gebracht. Und er war beliebt, denn er wollte es allen Recht machen.

Doch dann kam die Angst. Plötzlich konnte er nicht mehr Aufzug fahren, kamen ihm Menschen zu nahe, brach ihm der Schweiß aus, das Einkaufen im Supermarkt versetzte ihn in Panik. Der bislang so Erfolgreiche brach zusammen.

In der Psychotherapie versuchte er die Gründe herauszufinden und stellte fest: Er hatte zu lange nach den Vorstellungen anderer gelebt. Um sich davon zu befreien, schrieb er Briefe. Er brachte zu Papier, was er in all den Jahren brav geschluckt und hingenommen hatte. All die Verletzungen, die Übergriffe, die Zumutungen, die Ignoranz. Er gestattete sich die Wut und die Aggression zu spüren, die er jahrzehntelang verleugnet hatte.

Danach kam der schwierigere Part: Jetzt ging es darum herauszufinden, welche Vorstellungen er selbst vom Leben hatte. „Ich finde heraus, wer ich bin, was ich mag und was nicht. Welche Schuhe, welche Art von Arbeit, welches Essen. Alles." Noch weiß er nicht genau, wer er wirklich ist, aber eines ist ihm jetzt schon klar: „Ich bin in Wahrheit ein anderer Mensch als der, der ich früher war."

Jens Heyners Fall zeigt: Wie so vieles, was einen Menschen in seinen frühen Lebensjahren prägen kann, ist auch das „falsche

Selbst" kein Schicksal, unter dem man ein Leben lang leiden muss. Ganz unabhängig davon, welche Erfahrungen ein Mensch gemacht hat, er hat dennoch zu jedem Zeitpunkt eine Wahl, wie der Sozialpsychologe Mihaly Csikszentmihalyi meint. „Zwischen dem Jetzt und dem unvermeidlichen Ende unserer Tage können wir entscheiden, zu leben oder zu sterben." Wenn man sich entscheidet zu leben, dann darf man sich allerdings nicht zurücklehnen und abwarten, was passiert. Man muss dem Leben aktiv eine Richtung geben. „Geben wir unserem Leben keine Richtung, so wird es von außen beherrscht werden und dem Ziel irgendeiner anderen treibenden Kraft dienen. Biologisch programmierte Instinkte werden dafür sorgen, dass es nur reproduziert wird; und andere Menschen werden zur Durchsetzung ihrer Interessen und Bedürfnisse möglichst viel von unserer Energie abzweigen wollen." Wenn man darauf verzichtet, aktiv das Leben zu gestalten, wird man von den sozialen und gesellschaftlichen Zwängen und von den Erwartungen anderer geformt. Man verfolgt dann deren Ziele, hält für richtig, was sie für richtig halten, und müht sich um Erfolge in Bereichen, die einem in Wirklichkeit nicht viel bedeuten.

Eigene Gründe fürs Leben finden

Wenn man authentischer leben will, muss man eigene Gründe finden fürs Leben. Und die können ganz andere sein als jene, die man bis jetzt für richtig gehalten hat. Das Leben wird authentisch, wenn man ihm seinen eigenen Stempel aufdrückt, wenn man in Übereinstimmung mit seinen Gefühlen und Bedürfnissen ist, seine Stärken und seine Schwächen, seine hellen und seine dunklen Stellen kennt. Wer authentisch lebt, kümmert sich um alle Aspekte seiner Persönlichkeit. Vor allem um jene, die in den ersten Jahrzehnten seines Lebens zu kurz gekommen sind, weil man die Anforderungen und Erwartungen der Umwelt erfüllten musste und auch wollte. Schulabschluss, Ausbildung, Berufsfindung, Familiengründung, Kinder, Karriere. Weil man sich nach den Vorstellungen der

Gesellschaft etwas aufbauen wollte, orientierte man sich auf die Äußerlichkeiten des Lebens. Doch irgendwann spürt man eine seltsame Unruhe und Fragen tauchen auf: War's das jetzt? Wird es jetzt immer so weitergehen? Der Analytiker Carl Gustav Jung spricht vom „Schatten", der irgendwann im Leben zu seinem Recht kommen will. „Der Schatten ist ein lebendiger Teil der Persönlichkeit und will darum in irgendeiner Form mitleben." Das heißt: Das bisher Ungelebte will beachtet werden, damit die Persönlichkeit in ihrer Gesamtheit sich entwickeln kann. Das, was man bisher gelebt hat, ist die Fassade. Sie will nun mit Inhalt gefüllt werden. Beim „Schatten" kann es sich um bislang brachliegende Talente handeln, um Hobbys, für die man vor lauter Arbeit und Verpflichtungen keine Zeit fand, um Sehnsüchte, die man begraben hat. „Viel, allzu viel Leben, das auch hätte gelebt werden können, blieb vielleicht in den Rumpelkammern verstaubter Erinnerung liegen", mahnt Jung. Wer Angst vor dem Rufen seines „Schattens" bekommt und sich ans Altbewährte klammert, der verhindert, dass die Persönlichkeit in eine ausgewogene Balance kommt.

Was heißt: „authentisch leben"?

Wie kann man dem „Schatten" zu seinem Recht verhelfen. Wie kann man erkennen, ob man ein authentisches Leben führt oder eher ein von außen bestimmtes? Die Unterschiede sind deutlich:

- Wer authentisch lebt, ist unabhängig von anderen Menschen und anderen Meinungen. Umgekehrt kann er akzeptieren, dass andere von ihm unabhängig sind. Das Gefühl „Hier bin ich und dort bist du" ist ein wichtiges Element eines authentisches autonomen Lebens. Ein Mensch ist solange nicht autonom, wie er nicht seine innere Unabhängigkeit von anderen entwickelt hat. Die Erkenntnis, dass man ein eigenständiges Ich besitzt, gibt einem Sicherheit.

- Ein authentischer Mensch muss sich nicht ständig mit anderen vergleichen, er muss nicht unentwegt Beweise seiner Überlegenheit liefern. Er hat es auch nicht nötig, anderen zu Gefallen zu sein. Authentisch Lebende sind selten *everybodys darling*.

- Wer authentisch lebt, fühlt sich sicher und wertvoll, während ein nicht authentisch Lebender immer eine leichte Unsicherheit verspürt. Er ist von der Meinung anderer abhängig, lässt es zu, dass ihn deren Urteile und Handlungen in seinem Selbstwertgefühl beeinflussen.

- Ein authentischer Mensch bleibt auch in Situationen, in denen er sich von anderen angegriffen oder herabgesetzt fühlt, gelassen. Er muss nicht auf „Nummer Sicher“ gehen, sondern kann Ambivalenzen und Unsicherheiten aushalten.

- Wer authentisch lebt, kennt seine Gefühle und kann ihnen angemessen Ausdruck verleihen. Er ist kompromissbereit, aber nicht konformistisch.

- Authentische Menschen überprüfen die Regeln und Rollen der Kultur, in der sie aufgewachsen sind, und passen sie ihren Bedürfnissen an.

- Wer authentisch lebt, lässt sich nicht vom Mainstream mitreißen und vertritt seine Meinung auch dann, wenn sie unpopulär ist.

- Wer authentisch lebt, steht für sich selbst ein und trifft bewusste Entscheidungen im Sinne seiner eigenen Werte. Das, was höchste Priorität für ihn besitzt, bekommt auch den Löwenanteil seiner Zeit. Wenn ihm seine Familie das Wichtigste ist, wird er nicht 14 Stunden am Tag an seinem Arbeitsplatz verbringen, sondern sich berufliche Voraussetzungen schaffen, die seinen Prioritäten entsprechen.

- Ein authentisch lebender Mensch ist optimistisch, offen für Neues, sorgt für sich selbst, hört auf eine Gefühle, übernimmt Verantwortung, weiß, wo seine Grenzen sind, kann andere um Hilfe bitten.

Ein nicht authentisch lebender Mensch dagegen ist eher pessimistisch eingestellt, will es allen recht machen, kann nur schwer Entscheidungen treffen, will andere beeindrucken, verleugnet seine eigenen Gefühle, fühlt sich als Opfer, fühlt sich oft konfus und überfordert, hilflos und ohne Hoffnung.

- Authentische Menschen führen nicht unbedingt ein Leben, das von anderen bewundert wird. Sie leben so, wie sie es für richtig und sinnvoll halten.

- Wer authentisch lebt, legt wenig Wert auf Besitztümer und Statussymbole.

Er zieht Gewinn aus dem, was er tut und ist auch wenig abhängig von äußeren Belohnungen oder Bestrafungen.

Und schließlich, das wesentlichste Merkmal authentischer Personen:

- Wer authentisch lebt, hat seine Bestimmung gefunden.

Was mit „Bestimmung" gemeint ist, zeigt das Beispiel von Barbara Clear. Sie hat ihre Bestimmung als Sängerin gefunden und unternimmt große Kraftakte, um diese Bestimmung auch leben zu können. Aber es gibt auch andere Beispiele: Da bricht jemand seine Dissertation ab, weil er erkannt hat, dass er lieber Schreiner als Germanist werden will. Da verzichtet jemand auf ein gutes, geregeltes Einkommen, weil er sich endlich mit einem Computerladen selbständig machen möchte. Da verlässt jemand eine unglückliche Ehe, lebt lieber alleine in bescheidenen Verhältnissen und nimmt dafür die Missbilligung seiner Familienangehörigen und Freunde in Kauf. Da bekommt eine Frau mit 40 Jahren ihr erstes Kind, weil sie ihre Bestimmung als Mutter und nicht als Karrierefrau sieht. Da beginnt jemand in der Mitte des Lebens ein Studium oder wechselt von einem Großkonzern zu einer Non-Profit-Organisation ... Immer wieder geschieht es, dass Menschen an irgendeinem Zeitpunkt ihres Lebens erkennen, dass sie bisher nicht „richtig" gelebt haben. Sie erkennen, was richtig für sie ist und bekennen sich dazu – auch wenn dies in den meisten Fällen erhebliche Opfer bedeutet.

Nur wer seine Bestimmung kennt und sie lebt, kennt den Grund seines Lebens. Wer bislang mit einem „falschen Selbst“ gelebt hat, wird möglicherweise daran zweifeln, ob es so etwas wie „Bestimmung“ gibt und diese Aussage vielleicht sogar als „esoterisch“ abwehren. Wenn die Begriffe Probleme machen – man muss nicht von „Bestimmung“ oder „Berufung“ oder von „Schicksal“ reden. Tatsache ist aber, dass jeder Mensch einzigartig ist und einzigartige Fähigkeiten mitbringt, die gelebt werden wollen. Kommen sie nicht zur Entfaltung, bleibt das eigene Leben ein Fragment.

Anzeichen für ein ungelebtes Leben

Wie aber können Menschen, die bislang mit einem „falschen Selbst“ leben und ihre eigenen Bedürfnisse und Sehnsüchte vielleicht gar nicht mehr kennen, ihre Einzigartigkeit wahrnehmen und ihrer „Bestimmung“ auf die Spur kommen? Zunächst sollten sie überprüfen, ob das Leben, das sie führen, ihnen wirklich entspricht. Es gibt sichere Anzeichen dafür, wenn dem nicht so ist. Wer sich für diese Zeichen sensibilisiert, wird nach und nach merken, dass er bislang nicht der Gestalter seines eigenen Lebens war.

Woran also merkt man, dass man wichtige Aspekte seiner Persönlichkeit nicht lebt, dass man möglicherweise einen falschen Weg eingeschlagen hat, dass man Fähigkeiten und Talente brach liegen lässt?

- Man ist erfolgreich in seinem Beruf und durchaus begabt dafür. Aber wirkliche Freude hat man nicht daran.

- Man weiß nicht, was man will. Was man aber mit Sicherheit sagen kann: dass man das Leben, das man führt, nicht will.

- Eigentlich wünscht man sich enge Bindungen zu Partner, Kindern, Freunden, Familienmitgliedern. Aber neben der „offiziellen“ Prioritätenliste gibt es eine „inoffizielle“ – und die sorgt dafür, dass man sich mit Arbeit zuschüttet, zu viel ißt, zu viel trinkt und ständig am Rande des Nervenzusammenbruchs balanciert.

- Das ständige Nachdenken über Alternativen oder über ein besseres Leben sollte aufhorchen lassen: Was steckt dahinter, wenn ich mir immer wieder Gedanken mache, ob ich beruflich nicht noch einen anderen Weg beschreiten kann? Was hat es zu bedeuten, wenn ich darüber fantasiere, wie das Leben mit einem anderen Mann, einer anderen Frau an meiner Seite wäre? Wie ist zu erklären, dass ich am liebsten immer wieder umziehen möchte oder überlege, in eine andere Stadt, ein anderes Land umzusiedeln? Warum nur muss ich in regelmäßigen Abständen die Wohnung umkrempeln, Möbel umstellen, neu tapezieren, obwohl es noch gar nicht notwendig ist?

- Chronische körperliche Beschwerden und Krankheiten, wie zum Beispiel Migräne, Rückenschmerzen, Herz-Kreislaufbeschwerden, Hautprobleme können Signale dafür sein, dass man nicht richtig lebt. Aber auch die Seele wehrt sich, wenn zu viel Ungelebtes sich angehäuft hat: Frustrationen, Langeweile, schlechte Laune, unerklärliche Aggression und depressive Phasen können Zeichen dafür sein, dass ein Mensch sich selbst verleugnet.

- Auch das Gefühl der Fremdheit kann ein Signal für ein falsch gelebtes Leben sein. Dieses Gefühl kann in den verschiedensten Situationen auftauchen. Im Beruf, wenn man plötzlich bei einer Präsentation, einer Projektarbeit, im Gespräch mit Kollegen neben sich steht und sich fragt: „Was tue ich hier eigentlich?“ Oder auch im Privatleben, wenn man wie ein Schatten neben dem Partner, neben der Familie „herläuft“ und sich nicht wirklich zugehörig fühlt.

- Das Gefühl, ein Opfer zu sein, ist ebenfalls ein Zeichen für ungelebtes Leben. Wer glaubt, irgendetwas oder jemand anderer sei Schuld an der Art seiner Lebensführung (wenn meine Familie nicht wäre; wenn ich eine bessere Ausbildung bekommen hätte, wenn ich noch jünger wäre), benutzt dieses Argument möglicherweise als eine Art Schutzschild, um die Angst vor Veränderung in Schach zu halten.

■ Ebenso ist das Hoffen auf ein Wunder ein Zeichen für Lebensunzufriedenheit. Vielleicht verlässt der tyrannische Chef die Firma, vielleicht gewinnt man im Lotto und kann sich endlich seine Wünsche erfüllen, vielleicht verliebt sich der ungeliebte Partner in eine andere Person und dann wäre man endlich frei, vielleicht bietet einem jemand von sich aus einen tollen Posten an …

■ Man weiß eigentlich, welche Veränderungen notwendig wären, damit das eigene Leben sinnvoller wird. Aber immer wieder findet man Entschuldigungen und Ausreden, warum man diese Änderungen gerade jetzt nicht durchführen kann. Man glaubt zum Beispiel, dies dem Partner, den alten Eltern, den Kindern, den Freunden nicht antun zu können.

■ Man tritt auf der Stelle. Es gibt keine Entwicklung mehr. Längst müsste man sich eingestehen, dass das Leben so, wie man es sich gedacht hat, gescheitert ist. Längst spürt man schmerzhaft die kleinen Risse, doch zum Handeln kann man sich nicht entschließen.

Vor allem Menschen in der Lebensmitte kennen diesen Zustand. Zu diesem Zeitpunkt zieht man zum ersten Mal richtig Bilanz. Und die fällt in vielen Fällen beunruhigend aus. Man hat das Gefühl, dass alles schon gelaufen ist: Alle wichtigen Entscheidungen wurden schon gefällt, das Leben verläuft jetzt nur noch in vorhersehbaren Bahnen und wird sich nicht mehr wesentlich ändern. Es ist dieses Festgelegtsein, das Lebensfreude rauben kann. War's das jetzt also? Weil man auf diese Frage keine klare Antwort weiß, verdrängt man das Unbehagen und macht einfach weiter wie bisher.

Wer über lange Zeit hinweg ein Leben lebt, das ihm nicht entspricht, bezahlt dafür einen hohen Preis. Er lebt, aber er fühlt sich nicht lebendig. Er ist erfolgreich, aber der Erfolg bedeutet ihm nichts. Er lacht, aber sein Herz lacht nicht mit. Er beschäftigt sich mit Menschen, aber ist dabei nicht wirklich anwesend. Er ist nicht krank, aber auch nicht richtig gesund: Immer wieder plagen ihn Erkältungen, Schmerzen, Befindlichkeitsstörungen. Frustration, Depression, Langeweile und nicht selten auch unterdrückte Aggression sind weitere psychische Symptome eines „falschen" Lebens. Es ist erschöpfend, sich auf Dauer selbst zu verleugnen.

Wann immer ein Mensch sein wahres Selbst noch nicht entdeckt oder nicht vollständig entwickelt hat, wird ihm tiefe Freude fremd bleiben. Denn „Menschen sind dann am glücklichsten, wenn sie das tun, was sie am besten können", schreibt der Sozialpsychologe Mihaly Czsikszentmihalyi. „Es ist, als hätte die Evolution eine Sicherheitsvorrichtung in unser Nervensystem eingebaut, die uns uneingeschränktes Glück nur dann erfahren lässt, wenn wir zu hundert Prozent leben, wenn wir also die uns mitgegebene physische und geistig-seelische Ausstattung voll und ganz nutzen." Das bedeutet: Wer zu dem Menschen werden will, als der er gedacht ist, muss herausfinden, wer er wirklich ist, was ihm eine Herzensangelegenheit ist, welche Träume er hat (oder früher einmal hatte).

Der Bestimmung auf die Spur kommen

Wer in einem ersten Schritt festgestellt hat, dass sein Leben so wie es ist, wohl nicht „richtig" ist, weiß deshalb meist noch lange nicht, wie das authentische Leben denn aussehen könnte. Um dies herauszufinden, muss der Schutt, der sich durch die jahrzehntelangen Anpassungsleistungen angehäuft hat, nach und nach abgetragen werden. Um sich selbst, seinem wahren Kern, auf die Spur zu kommen, helfen einfache Fragen:

- Was ist mir im Leben wirklich wichtig?
- Wodurch werde ich beeinflusst? Gibt es in meinem Leben Menschen, die genau wissen, was gut für mich ist? Lebe ich nach den Vorstellungen anderer Menschen?
- Welche Menschen bewundere ich?
- Welche Art von Person will ich ganz bestimmt nicht sein?

- Welche Werte finde ich wichtig?
- Bin ich stolz auf meine Arbeit, kann ich mir, wenn ich morgens in den Spiegel schaue, in die Augen sehen?
- Habe ich immer wiederkehrende Träume? Enthalten sie vielleicht eine Botschaft für mich?
- Gibt es jemanden, den ich zutiefst um sein Leben beneide? Was hat dieser Mensch, was auch ich gerne hätte?

Hilfreich ist auch, sich an frühere Zeiten zu erinnern:

- Wie war ich als Kind? Wer darauf keine Antwort findet, kann Kindheitsfotos heranziehen: Wie blickt das Kind darauf in die Welt?
- Was wollte ich mal werden?
- Gab es Talente, die sich früh zeigten, die aber nicht gefördert wurden?
- Welche Sehnsüchte hatte ich im Jugendalter? Und vor allem: Was ist daraus geworden? Wer oder was hat mich von meinem Weg abgebracht?

„Das Leben lässt sich vergleichen mit der Bibliothek eines Schriftstellers", meinte der amerikanische Dichter und Geistliche Ralph Waldo Emerson. „Einige Bücher hat er selbst verfasst, die meisten aber wurden für ihn geschrieben." Wer in seiner Lebensbibliothek zu viele Bücher anderer Autoren findet, wird sich schmerzlich eingestehen müssen, dass viele Wünsche und Träume ungelebt geblieben sind: Da ist aus dem kreativen, draufgängerischen Kind, das sich am liebsten in der freien Natur aufhielt und Zoodirektor werden wollte, ein gelangweilter Schreibtischarbeiter geworden. Da hat man auf Wunsch der Eltern auf das Philosophiestudium verzichtet und ist stattdessen als Ingenieur in die Fußstapfen des Vaters getreten. Da hat man die früh entdeckte Begabung fürs Klavierspielen aus Zeitmangel aufgegeben. Da hat man seine Fähigkeit, mit Menschen umzugehen, hinter Aktenbergen begraben …

„Was vorbei ist, ist vorbei. Jetzt ist es zu spät." Wer erkennt, dass er zu irgendeinem Zeitpunkt seines Lebens die Weichen falsch gestellt, dass er sich den Wünschen anderer unterworfen und sein „Eigenes" verleugnet hat, reagiert oft abwehrend. Zu schmerzlich ist die Erkenntnis, dass viele wichtige Aspekte seiner Persönlichkeit im Laufe des Lebens „auf der Strecke" geblieben sind. Und oftmals auch zu erschreckend. Denn dem Eingeständnis, dass ein anderes Leben richtiger wäre, müssten Konsequenzen folgen. Eigentlich. Doch diese Konsequenzen sind meist mit einschneidenden Veränderungen verbunden, die durchaus Angst machen. Die Gefahr ist groß, dass die Bestimmung mit „guten" Argumenten totgeredet wird:

Das kann ich doch nicht machen, den sicheren Job einfach kündigen, noch dazu in Zeiten hoher Arbeitslosigkeit. Nur weil ich lieber etwas anderes tun würde. So ergeht es doch vielen. Wer ist schon richtig glücklich mit seiner Arbeit!

Das kann ich immer noch tun. Später, wenn die Kinder groß sind, wenn ich mehr angespart habe, wenn ...

Das darf ich anderen nicht antun. Einfach so aufs Land ziehen, weil mir das Stadtleben überhaupt nicht liegt? Das wäre aber egoistisch dem Partner, der Familie gegenüber! Sie hätte doch dann so weite Wege! Ich kann doch nicht nur an mich denken, ich habe schließlich Verantwortung.

Dafür ist es jetzt zu spät. Auf die Kunstakademie gehen? Dafür ist man doch schon viel zu alt. Das bringt doch nichts mehr.

Aus Angst vor Veränderung schotten sich viele Menschen vor der Erkenntnis ihrer eigenen Bestimmung ab. Sie verharren lieber in unbefriedigenden Lebenssituationen, als sich dem Neuen, Unbekannten auszusetzen. Sie vergeuden wertvolle Lebenszeit an Arbeitsplätzen, die sie langweilen, unterfordern und dem eigenen Berufswunsch überhaupt nicht entsprechen. Sie bleiben bei einem ungeliebten Partner, weil es so schlimm ja gar nicht ist und sie das schöne Heim, die finanzielle Sicherheit nicht für ein Leben in Ungewissheit aufgeben wollen.

Wer den verlockenden Job in einer entfernten Stadt lieber nicht annimmt, weil er nicht genau weiß, was ihn erwartet, wer in der Liebe nichts riskiert, wer meint, er sei mit 40 oder 50 schon zu alt, um ein Musikinstrument zu erlernen oder aus Gewohnheit jahrein, jahraus an den selben Urlaubsort fährt („da kenne ich mich aus und muss mich nicht erst mühsam orientieren") – kurz, wer zu irgendeinem Zeitpunkt beschließt, möglichst kein Risiko mehr einzugehen, der verzichtet schon zu Lebzeiten aufs Leben. Er verzichtet auf sein authentisches Selbst.

Wer sich dagegen entschließt, den Menschen und Umständen, die sein Leben bisher bestimmten oder noch bestimmen, die Macht zu entreißen und endlich selbst sein Leben zu gestalten, der muss sich auf einen schweren Weg gefasst machen. Denn Selbsterkenntnis erfordert Mut, sich der persönlichen Wahrheit zu öffnen. Man muss sich seinen Gefühlen stellen, muss erkennen, welche Ängste einen blockieren, woher sie kommen und nach welcher Pfeife man bislang tanzte. Wer authentisch leben will, so Erich Fromm, muss die Bereitschaft aufbringen, „täglich neu geboren zu werden". Und das wiederum erfordert „die Bereitschaft, alle ‚Sicherheiten' aufzugeben; Mut, sich von den anderen zu unterscheiden und die Isolierung zu ertragen; Mut, wie es in der Bibel in der Geschichte Abrahams heißt, sein Vaterland und seine Familie zu verlassen und in ein noch unbekanntes Land zu gehen; Mut, sich um nichts zu kümmern als um die Wahrheit, und zwar um die Wahrheit nicht nur in bezug auf das eigene Denken, sondern auch in bezug auf das eigene Fühlen."

Das ist eine große Aufgabe, und vielen fehlt es an Zuversicht und Selbstvertrauen, um sich ihr zu stellen. Ihnen ergeht es wie jenem Mann, der einen Passanten nach einer bestimmten Straße fragte. Dieser erklärte ihm den Weg, der Mann dankte ihm – und ging in die entgegengesetzte Richtung. Der Passant rief ihm hinterher und macht ihn auf seinen Irrtum aufmerksam. „Ich weiß, dass das die falsche Richtung ist", antwortete dieser. „Ich bin für die richtige noch nicht bereit." Oftmals weiß man sehr genau, was richtig für einen selbst wäre, was das Leben bereichern und ihm die

Gestalt geben könnte, die einem vorschwebt. Doch aus scheinbar „triftigen“ Gründen, wartet man lieber noch, bis man die als richtig erkannte Richtung einschlägt: der Zeitpunkt scheint noch nicht günstig zu sein; erst müssen die Kinder älter sein; man bräuchte mehr Zeit; man will den Partner, die eigenen Eltern, die Kollegen, den Vorgesetzten oder wen auch immer nicht enttäuschen; man wartet auf eine noch bessere Chance ... So vergeht das Leben in einem Wartezustand auf bessere Zeiten. Und je länger man zögert, seiner Bestimmung entsprechend zu leben, desto mehr entgleitet sie einem.

Weil allein schon der Verdacht, dass da noch mehr sein müsste, so beunruhigend ist, tröstet man sich damit, dass es so schlimm ja gar nicht ist, dass die Dinge „eigentlich“ doch ganz gut stehen. Man hat sich arrangiert mit dem Nichtstimmigen, zugunsten einer Scheinruhe, die einen vor gefürchteten Turbulenzen schützt. Wo sind die Träume geblieben? Diese Frage stellt man sich längst nicht mehr, sie könnte einen ja aus der Fassung bringen.

Wer so denkt, der kann sicher sein, dass er anderen Menschen zu viel Macht über sein Leben einräumt. Denn es ist meist nur die Angst vor der Reaktion der anderen, die einen davon abhält, das Leben zu leben, das einem wirklich entspricht. Diese Angst aber kann man nur los werden, indem man sich ihr stellt, meint der Analytiker Arno Gruen: „Man muss es wagen, das eigene Selbst zum Erleben zu bringen, um zu erfahren, dass die Angstgespenster, die im Wege stehen, eigentlich machtlos sind.“

Wer die Angst überwindet, wird reichlich belohnt. Wohl jeder Mensch hat zu irgendeinem Zeitpunkt seines Lebens den Ruf des Schicksals verspürt. Die Erkenntnis „Das ist es!“ mag nur ganz kurz aufgeblitzt sein, aber sie war da. Vielleicht erlebt in der Liebe zu einem Menschen, die man dann – aus welchen Gründen auch immer – nicht leben konnte; vielleicht erlebt in einer Tätigkeit, für die man in der Folge keine Zeit mehr aufbringen wollte; vielleicht erlebt beim Hören von Musik, beim Wandern in der Natur, beim Malen oder Theaterspielen ... Diese Erfahrung gilt es erneut aufzuspüren und herauszufinden, wann, in welchen Situationen und mit welchen Menschen man sich als „ganz" wahrgenommen hat. Das Gefühl der „Ganzheit" ist unverwechselbar: Wenn es sich einstellt, gibt es keine Zweifel mehr. Wer dieses Gefühl der Ganzheit verspürt, der ist mit sich im Reinen. Er verspürt eine plötzliche Lebendigkeit, einen Energieschub, der es ihm leicht macht, seinen Weg zu gehen.

Wo der Sinn zu finden ist

Die Aufgabe, aus seinem Leben etwas zu machen und der Mensch zu werden, als der man gedacht ist – diese Aufgabe ist letztlich nur zu lösen, wenn man eine Antwort findet auf die Frage nach dem Sinn des Lebens. Wer sinnvoll lebt, kann sicher sein, dass er sein wertvolles Leben nicht verschwendet. Er weiß, wozu er auf der Welt ist, was seine Bestimmung ist und was seine Einzigartigkeit ausmacht. Leider gehören nur wenige Menschen zu den Glücklichen, welche sich diese Frage positiv beantworten können. Die meisten befinden sich noch auf der Suche nach dem Sinn oder haben vielleicht sogar die Suche danach abgebrochen, weil sie dabei nur frustrierende Erlebnisse hatten.

Die Antwort auf die existentielle Frage „Wozu lebe ich?" fällt den heutigen Menschen besonders schwer. All die Instanzen, die früheren Generationen eine klare Sinngebung lieferten, sind für den heutigen Menschen kaum noch relevant. So ist beispielsweise für viele Menschen die Religion längst keine Orientierungshilfe mehr. Nach einer Umfrage des STERN bezeichnen sich nur noch 39 Prozent der Bundesbürger als religiös, und gerade mal 11 Prozent vertrauen den traditionellen Kirchen. Wenn es um den Sinn im Leben geht, sind also religiöse Werte nur noch für wenige ein akzeptierter Lieferant. Das heißt aber nicht, dass der große Rest ohne die Frage nach dem Sinn durchs Leben geht. Im Gegenteil. Es scheint, als ob in dem Maße, wie traditionelle Sinnstifter ihre

Kraft verloren haben, das Bedürfnis nach einem Ersatz gewachsen ist. Doch wo findet man diesen, wenn die Religion dafür nicht mehr in Frage kommt? Der Gott der Kindheit, der weise alte Mann mit dem Rauschebart, ist längst aus dem Sinnkanon verschwunden, doch die Hoffnung, dass es ihn vielleicht doch irgendwo in irgendeiner Form geben möge, haben viele Menschen nie ganz verloren. Sie sind auf der Suche nach „so etwas wie Gott" und gehen dabei die unterschiedlichsten Wege. Das Angebot ist groß: Manche suchen nach Sinn in materiellen Werten und Konsum; manche verlieben sich immer wieder neu, weil sie hoffen, in der Liebe die Sinnfrage beantwortet zu bekommen; andere widmen sich mit Hingabe ihrem Körper, halten ihn fit und schlank und haben das Gefühl, dass dieses Tun sinnvoll ist. Und dann gibt es natürlich noch die große Riege der mehr oder weniger seriösen Sinnstifter aus Psychologie und Lebenshilfe. Psychotherapie ist längst als Religionsersatz entlarvt und auch die inzwischen unüberschaubare Menge an Tipps und Regeln zur richtigen Lebensführung lassen den sinnsuchenden Menschen nicht alleine.

Mal angenommen, diese Angebote hätten wirklich einen Sinn. Müssten sie dann nicht irgendwann überflüssig werden? Mit all den sinnvollen Ratschlägen und Hinweisen, die auf dem Markt angeboten werden, müssten die Menschen doch irgendwann den Sinn im Leben gefunden haben. Dann wäre der Bedarf an Orientierung gesättigt, dann könnten die Sinnratgeber aus den Bücherregalen verschwinden, Zeitschriften könnten sich anderen Themen zuwenden und in den Therapieräumen würde auch niemand mehr nach dem Sinn fragen. Die Menschen bräuchten dann keine Hilfestellung mehr, denn sie hätten ihre Antwort auf die Frage „Wozu?" gefunden. Hätte das alles wirklich einen Sinn, was dem modernen Menschen als Ersatz für frühere Sinngeber angeboten wird – eine ganze Branche würde ins Vergessen versinken. Doch seltsamerweise ist das Streben nach Glück, Selbstverwirklichung und Erfüllung trotz der Überfülle an möglichen Sinninhalten wenn überhaupt, dann meist nur kurzfristig erfolgreich. Nur sehr,

sehr selten findet ein Mensch aufgrund der neuen Orientierungsgeber, eine befriedigende Antwort auf die Fragen: Wozu lebe ich? Und was ist der Sinn meines Lebens?

Nihilisten glauben zu wissen, warum diese Fragen meist unbeantwortet bleiben. Gottfried Benn zum Beispiel hält die Sinnfrage, „die ewige Frage wozu“ für eine „Kinderfrage“, wie er in seinem Gedicht „Nur zwei Dinge“ zum Ausdruck bringt. Und zum Schluss bleiben für ihn, nach dem Durchschreiten verschiedener Beziehungsformen, aber auch im Blick auf die Vergänglichkeit „nur zwei Dinge: die Leere und das gezeichnete Ich.“

Es gibt also gar keinen Sinn? Die Suche danach ist sinnlos? Und wer sie nicht aufgibt, ist unreif und will nicht anerkennen, dass das Leben „fernbestimmt“ ist und ertragen werden muss? Glücklicherweise gibt es auch andere Einschätzungen.

Der Sinn liegt vor der Tür

Der Philosoph Odo Marquard hat eine freundlichere Erklärung, warum die Sinnsuche meist ohne Erfolg verläuft: Wir sind zu anspruchsvoll, wenn es um den Sinn geht. Uns fehlt es gar nicht in dem Maße an Sinn, wie wir meinen. Vielmehr sind unsere Erwartungen an den Sinn maßlos geworden. „Weil wir – die Mitglieder der Anspruchsgesellschaft – verwöhnt sind mit Anspruchserfüllungen, wollen wir auch mit Sinn verwöhnt werden: darum steigt … insbesondere auch der Sinnanspruch in schwindelnde Höhen und über jedes erfüllbare Maß hinaus, so daß er nur enttäuscht werden kann und so zwangsläufig die Erfahrung von Sinnleere erzeugt und die großen Sinnverlustklagen veranlasst.“ Folgt man der Argumentation Marquards, dann zäumen wir, was die Sinnsuche angeht, das Pferd von hinten auf, denn „unsere primäre Schwierigkeit ist nicht der Sinnverlust, sondern das Übermaß des Sinnanspruchs.“ Bescheidenheit macht also Sinn, weniger ist mehr, denn „Sinn ist etwas Indirektes“.

Seine Argumentation verdeutlicht Marquard an folgender Geschichte von einem Mann, „der Obst wollte und darum Äpfel, Birnen, Pflaumen, Kirschen und Quitten verschmähte, denn er wollte nicht Äpfel, sondern Obst, und nicht Birnen, sondern Obst, und nicht Pflaumen, sondern Obst, und nicht Kirschen, sondern Obst, und nicht Quitten, sondern Obst: er wählte also den einzigen mit Sicherheit erfolgreichen Weg, gerade das nicht zu bekommen, was er doch wollte: nämlich Obst."

Die Situation des Obstsuchers vergleicht der Philosoph Marquard mit dem Sinn- und Glückssucher. Denn „so einer will nicht lesen, sondern Sinn, nicht schreiben, sondern Sinn, nicht arbeiten, sondern Sinn, nicht faulenzen, sondern Sinn, nicht lieben, sondern Sinn, nicht helfen, sondern Sinn, nicht schlafen, sondern Sinn, nicht Pflichten erfüllen, sondern Sinn, nicht Neigungen folgen, sondern Sinn …"

In dieser Aufzählung wird deutlich, worin der Sinn des Lebens liegt: im Handeln, im Tun, im Leben. Sinn ist, so Marquard, „stets nur auf dem Weg über Beruf, Familie, Einsamkeit, Staat, Kunst, Wirtschaft, Wissenschaft, Pflichten, Neigungen, Mitleid und so weiter zu erreichen und ihn anders erreichen zu wollen ist Unsinn."

Das heißt nichts anderes, als dass wir die verzweifelte Suche nach dem „großen" Sinn als vergebliche Liebesmüh aufgeben und erkennen müssen, dass der Sinn sozusagen vor der Türe liegt. Es geht darum, sich für die „kleinen Sinnantworten" zu sensibilisieren. Denn, so Marquard, die „Menschen verzweifeln nicht, solange sie immer gerade noch etwas zu erledigen haben". Wer immer etwas zu tun hat, der kommt nicht in Gefahr, dem sinnlosen Nichts zu begegnen. Die vielen kleinen Tätigkeiten und Aufgaben des Alltags reichen vollkommen aus, um ein sinnvolles Leben zu führen. Die „großen Sonntagsgefühle – die Ekstase, die Hochgestimmtheit und Erfüllungsverzückung … nehme man dankbar in Kauf, wenn sie nicht allzu sehr stören, aber es geht auch ohne sie."

Ähnlich argumentierten prominente Schriftsteller, die im Jahr

1962 von dem 24-jährigen Psychologiestudenten Dietmar Gottschall und seiner 17-jährigen Freundin Silke Siegel Post schriftlich um Antwort auf die Frage „Was ist der Sinn des Lebens?“ gebeten wurden. 40 Jahre lang waren diese Briefe verschollen, nun tauchten sie auf einem Dachboden wieder auf. Die Wochenzeitung DIE ZEIT veröffentlichte in ihrer Ausgabe vom 7.4.2004 die Antworten, die zum großen Teil die Haltung des Philosophen Marquard bestätigen. So rät zum Beispiel Luise Rinser den jungen Leuten, sie sollten nicht nach dem Sinn fragen, „sondern leben Sie, wie man leben soll: sein Tagwerk getreulich erfüllen, Menschen lieben, Gutes tun in vieler Form und die Erde lieben und ihren Schöpfer, dann erfahren Sie ganz von allein, dass das Leben einen Sinn hat.“ Ähnlich äußerte sich Walter Jens: „Fangen Sie mit den kleinen Dingen Ihrer täglichen Umgebung und Ihres alltäglichen Tagesablaufes an, versuchen Sie, in diesem bescheidenen Bereich zwischen sinnvoll und sinnlos zu unterscheiden – ich glaube, dass jeder Mensch über ein solches Urteilsvermögen verfügt –, ... dann finden Sie, möchte ich meinen, den ‚Sinn des Lebens‘, ohne dass Sie es merken.“ Auch von dem Journalisten und Schriftsteller Erich Kuby erfuhren die Fragenden nichts wesentlich Anderes. Kuby schrieb unter anderem: „So bleibt nichts, als sich *step for step* vorwärtszubewegen, und statt der pauschalen Frage jeden Tag neu zu fragen, ob man das Naechstliegende leidlich richtig und zur eigenen Zufriedenheit tut.“

Welch ein entlastender Gedanke: Um ein glückliches, zufriedenes, erfülltes Leben führen zu können, muss man nicht nach dem ultimativen Sinnkick suchen, es reicht vollkommen aus, die Augen zu öffnen und zu erkennen, was der ganz normale Alltag an Sinn für einen bereithält. Blaise Pascal meinte, dass alles Unglück der Menschen nur daher rühre, dass „sie unfähig sind, in Ruhe in ihrem Zimmer zu bleiben“. Auf die Sinnsuche übertragen könnte das bedeuten: Die rastlose, oft äußerst anstrengende Suche nach dem absoluten Sinn, führt zu nichts. Wer die vielfältigen und zugegebenermaßen oftmals verlockenden Sinnangebote ignoriert und

„in seinem Zimmer bleibt“, sprich: bei dem, was er kann und was er tut, lebt automatisch sinnvoll. Die vielen kleinen Besonderheiten des individuellen Lebens beinhalten sehr viel mehr Sinn als alles, was uns von außen angeboten und aufgepropft wird.

Wenn man wieder Wert schätzt, was man kann, was man tagtäglich tut, dann wird man sehr schnell einen Sinn in seinem Tun erkennen. Sobald man allerdings die konkrete Ebene seines eigenen Lebens verlässt und nach dem „großen“ Sinn sucht, wird man zwangsläufig scheitern. Denn, so der Logotherapeut Viktor Frankl: „Die Frage nach dem absoluten Sinn zu beantworten ist der Mensch außerstande.“ Wer dagegen das Sinnvolle in seinem ganz normalen Leben entdecken kann, der kann auch schwierigste Situationen ertragen, wie schon Friedrich Nietzsche wusste: „Wer ein Warum zu leben hat, der erträgt fast jedes Wie.“

Merkmale eines sinnvollen Lebens

Wie entdeckt man aber sein ganz persönliches „Warum?“ Wie kann man bescheidener werden in seinem Sinnstreben? Der Philosoph Epiktet hatte dazu einen ganz einfachen Rat:

„Verlange nicht, daß alles so kommt, wie du es willst.
Begnüge dich mit dem, was geschieht, und dein Leben wird glücklich sein.“

Es geht aber auch ein wenig genauer. Die psychologische Forschung hat inzwischen eine Reihe von Erkenntnissen zu Tage gefördert, die deutlich machen, aus welchen Merkmalen sich ein sinnvolles Leben zusammensetzt:

Ein sinnvolles Leben führt, wer mit allen Sinnen spüren kann. Wer einen „Sinn für etwas“ hat, ein Gespür für das Gute, für das Schöne, der hat automatisch Lebenssinn, meint der Philosoph Odo Marquard. Ebenso derjenige, der weiß, was sich im Leben lohnt:

„Was wichtig ist, erfüllt, zufrieden, glücklich macht und nicht verzweifeln lässt".

Das ZDF zeigte vor einiger Zeit eine Dokumentation mit dem Titel „Mein Schatz bleibt bei mir". Darin wurden drei Männer vorgestellt, die ihre schwer pflegebedürftigen Frauen zu Hause betreuten. Einer dieser Männer wurde von der Journalistin gefragt, wie es ihm denn ginge, wenn er an die Zukunft dächte. Daran würde er keinen einzigen Gedanken verschwenden, meinte der Befragte. Er würde immer nur von einem Tag auf den anderen leben, würde tun und erledigen, was anstünde, freue sich, mit seiner Frau zusammen sein zu können. An die Zukunft zu denken, hielt er nicht für sinnvoll, denn das würde ihm vielleicht die Kraft nehmen, die Gegenwart zu meistern. Das, was er im Moment für seine Partnerin tun kann, das gebe ihm Kraft und Zuversicht. Diesem Mann mag es an Vielem in seinem Leben mangeln, ganz sicher mangelt es ihm aber nicht an Sinn. Er hat ein Gespür für den Sinn und weiß, wo er ihn findet: In der Hilfe, die er seiner geliebten Frau geben kann.

Ein sinnvolles Leben hat vernünftige Ziele. Völlige Ziellosigkeit ist ein deutliches Erkennungsmerkmal eines sinnlosen Lebens. Ein sinnvolles Leben hat immer Ziele. Allerdings müssen es die „richtigen" Ziele sein. Die Gefahr ist groß, dass man falschen Göttern dient. Das Gefühl von Sinnlosigkeit erleben Menschen sehr stark, die sich falsche oder zu hohe Ziele gesetzt haben. Sie glauben, dass das Erreichen dieser Ziele wesentlich für ihr Wohlbefinden ist. Sie glauben, dass sie in dem Moment glücklich wären, wo sie das Ziel – eine Beförderung, ein Wunschgewicht, einen Traumpartner – erreicht hätten. Bleiben diese Ziele aber unerreichbar, stellt sich das Gefühl der Sinnlosigkeit und der Leere ein. Will man ein sinnerfülltes Leben führen, kommt es sehr darauf an, die richtigen Ziele anzupeilen.

Was aber sind richtige Ziele, woher kann man wissen, ob ein Plan, ein Streben für einen selbst sinnvoll ist? Sinnvolle Ziele haben bestimmte Merkmale:

Das Ziel muss man sich selbst ausgesucht haben, es muss sozusagen von „innen" kommen – die Psychologie spricht von „intrinsischen" Zielen, im Gegensatz zu „extrinsischen", die von außen vorgegeben werden. Es darf kein von den Eltern, vom Partner, von Freunden oder anderen Menschen vorgegebenes Ziel sein. Ein Ziel, das nicht von innen kommt, ist daran zu erkennen, dass es in die „Ich sollte"-Kategorie fällt: „Ich sollte schlanker werden, ich sollte mehr Sport treiben, ich sollte mich mehr anstrengen ..." Die „Tyrannei des Sollte", wie der amerikanische Psychiater David Burns es nennt, ist ein deutliches Zeichen dafür, dass man sich das jeweilige Ziel nicht selbst ausgesucht hat. Wann immer man „Ich sollte ..." denkt, hilft eine Gegenfrage: „Wer sagt, dass ich soll ...?" Wenn die Antwort nicht „Ich" lautet, handelt es sich mit Sicherheit um kein eigenes, und damit auch nicht um ein sinnvolles Ziel.

Weiteres Erkennungsmerkmal sinnvoller Ziele: Sie sind realistisch und erreichbar. Man kann die Charaktereigenschaften eines Menschen nicht verändern, man kann aus einem Menschen mit stabilem Körperbau kein elfengleiches Wesen zaubern, man kann sich keinen Traumpartner herbeizaubern. Sinnvoll werden Ziele erst dann, wenn sie realistisch sind.

Ferner sind sinnvolle Ziele auf die eigenen Fähigkeiten und Möglichkeiten abgestimmt. Wie schon der Philosoph Schopenhauer riet, kommt es darauf an, sich seiner Stärken und Schwächen bewusst zu sein und sich zu „hüten, das zu versuchen, was uns doch nicht gelingt. Nur wer dahin gelangt ist, wird stets mit voller Besonnenheit ganz er selbst sein, und wird nie von sich selbst im Stich gelassen werden, weil er immer wußte, was er sich selber zumuten konnte."

Und schließlich erkennt man ein sinnvolles Ziel auch daran, dass man es mit Leidenschaft und Freude verfolgt. Martin Seel, Professor für Philosophie an der Universität Hamburg, meint dazu: „Es ist uns nicht allein wichtig, erreichbare Ziele zu haben, es ist uns gleichermaßen wichtig, etwas – und gewöhnlich mehr als nur etwas – zu haben, an dem uns wirklich etwas liegt oder um das es uns mit ganzem Herzen geht. Das aber bedeutet, … dass diese Leidenschaft für bestimmte Dinge des Lebens selbst ein zentrales Ziel des Lebens ist.

Wer prüfen will, ob es in seinem Leben etwas gibt, das er mit Leidenschaft verfolgt, kann dies mit folgenden Fragen feststellen:

- Gibt es zwei, drei Dinge im Leben, die ich für sinnvoll halte?
- Was treibt mich an, was motiviert mich?
- Hat das, womit ich hauptsächlich meine Zeit verbringe, einen Sinn für mich?
- Erfüllt mich das, was ich tue, wirklich mit Befriedigung?

Ein sinnvolles Leben ist eingebettet in ein größeres Ganzes: Es muss nicht der „liebe Gott" sein, an den ein Mensch glaubt: Aber die Überzeugung, dass das eigene Leben in einem größeren Zusammenhang steht und dass es eine Macht oder Mächte gibt, die stärker sind als man selbst, gibt dem eigenen Dasein einen Sinn – und dem Einzelnen Stärke. Zahlreiche psychologische Untersuchungen belegen dies. Danach sind gläubige Menschen deutlich gesünder und psychisch stabiler als nicht gläubige. Sie bewältigen Lebenskrisen und Stress besser, sind weniger anfällig für Krankheiten und Depressionen, konsumieren weniger Alkohol und andere Drogen und können das Sterben leichter akzeptieren.

Ein sinnvolles Leben erfüllt Bedürfnisse. „Angenommen, Sie hätten mehr Zeit: Was würden Sie gerne damit anfangen? Nennen Sie mindestens zehn Wünsche, die Sie sich erfüllen wollen." Diese kleine Übung bringt für diejenigen, die sich darauf einlassen, oft erschreckende Aha-Erlebnisse. Erschreckend deshalb, weil ihnen klar wird, auf wieviel sie in ihrem Leben verzichten – zugunsten von Pflichten, Aufgaben, anderen Menschen. Aus Zeitmangel, Erschöpfung oder manchmal auch nur Bequemlichkeit, lassen sie wichtige Wünsche und Sehnsüchte in der Ecke eines viel zu voll gepackten Lebens verstauben. Wer mit sich selbst diese kleine Übung veranstaltet und nach mindestens zehn unerfüllten Wünschen fahndet, wird schnell merken: Es handelt sich dabei meist gar nicht um große Pläne und Ziele, die unbearbeitet bleiben. Ganz im Gegenteil: Man verbietet sich die kleinen Sehnsüchte, deren Erfüllung aber das Leben sinnvoller machen würde.

So verzichtet man vielleicht auf das Lesen, das einem doch so viele Anregungen gibt. Oder auf regelmäßige Spaziergänge in der Natur, bei denen man sich gut entspannen kann. Oder auf Besuche von Freunden, die man so sehr genießt. Man war auch schon ewig nicht mehr im Kino, obwohl man früher doch mal ein richtiger Cineast war. Das Klavier, an dem man sich, als man noch nicht so viel zu tun hatte, Abstand vom Alltag holte, ist nur noch ein Statussymbol im Wohnzimmer. Und im Sportverein spielt man nur als Karteileiche noch eine Rolle. Wie schön wäre es, wenn man sein Maltalent ausbauen könnte oder endlich Zeit hätte, eine Fremdsprache zu erlernen.

In einem sinnvollen Leben findet man Zeit für seine persönlichen kleinen Freuden. Man räumt ihnen den ihnen zustehenden Platz frei, indem man nicht auf sie, sondern auf weniger Wichtiges verzichtet.

Ein sinnvolles Leben basiert auf dem Gefühl der Kontrolle. Aus der Depressionsforschung weiß man, dass Menschen, die sich den Umständen oder anderen Menschen gegenüber hilflos fühlen, die glauben, keinerlei Einfluss auf den Verlauf ihres Lebens zu haben, psychisch krank werden. „Erlernte Hilflosigkeit“ ist eine der Hauptursachen der Krankheit Depression. Umgekehrt gilt: Wer sich nicht als Marionette unbekannter Mächte erlebt, sondern das Gefühl hat, sein Lebensschiff selbst durch alle Wetter steuern zu können, der bleibt nicht nur an Leib und Seele gesund, ihm gelingt es vor allem, einen Sinn im Leben zu erkennen. Beispielsweise wurde in einer psychologischen Studie festgestellt, dass alte Menschen dann den Umzug in ein Altenheim gut verarbeiten, wenn sie einen *sense of coherence* besitzen. So bezeichnet die Psychologie die Fähigkeit, trotz widriger Umstände einen Sinn im Leben zu sehen und davon überzeugt zu sein, dass man die Herausforderungen bewältigen kann. Alte Menschen, die das Altenheim nur als Endstation betrachteten, waren anfälliger für Krankheiten und starben früher als jene, die ihrem Wechsel ins Altenheim auch gute Seiten abgewinnen konnten.

Ein Leben ist sinnvoll, wenn man sich selbst wertschätzt.
Ohne eine positive Haltung sich selbst gegenüber ist kein sinnvolles Leben möglich. Wer sich ständig mit Selbstzweifeln plagt, wer sich selbst im Wege steht, der bringt sich um Lebensfreude. Wie wir uns selbst erleben und wahrnehmen, das hat einen Einfluss auf unsere Gesundheit, unser physisches und psychisches Immunsystem. So kann beispielsweise eine positive Haltung dem Altwerden gegenüber sogar das Leben verlängern. Amerikanische Psychologen wollten von 660 Personen im Alter von 50 Jahren wissen, welchen Aussagen über das Alter sie zustimmten: „Je älter ich werde, desto schwerer fällt mir alles." Oder: „Im Alter wird vieles einfacher." 23 Jahre später forschten die Wissenschaftler nach, was aus den ursprünglich Befragten geworden war. Jene, die mit 50 Jahren eine positive Einstellung zum Alter offenbarten, lebten im Schnitt 7,5 Jahre länger als jene, die eine negative Sicht von ihrer weiteren Entwicklung hatten.

Ein Leben ist sinnvoll, wenn man Spuren hinterlässt. Der Entwicklungspsychologe Erik Erikson sieht in der Generativität die Hauptaufgabe von Menschen in den mittleren Jahren. Damit meint er nicht nur die *biologische* Generativität – also Kinder in die Welt zu setzen und großzuziehen. Es gibt noch drei weitere Möglichkeiten, Spuren zu hinterlassen:

Da ist zum einen die *elterliche* Generativität, die auch Menschen ohne leibliche Kinder ausüben können. Zum Beispiel, indem sie Kinder adoptieren oder als Erzieher, Sozialarbeiter oder Lehrkräfte für Kinder eine Elternfigur sind.

Auf *technische* Weise generativ ist, wer an die jüngere Generation sein Können weitergibt, ihr zum Beispiel beibringt, wie man mit Geld umgeht, wie man in freier Natur ohne Streichhölzer ein Feuer macht, wie man ein Auto fährt, wie man in einer Firma am besten voran kommt, wie man mit Vorgesetzten redet und so weiter.

Schließlich ist da noch die *kulturelle* Generativität. Man gibt an jüngere Menschen das eigene Wertesystem, das Menschenbild, die Weltsicht weiter. Man lehrt sie, Gutes von Bösem zu unterscheiden, gibt ihnen Maßstäbe an die Hand, nach denen sie sich ihre eigenen Überzeugungen formen können.

Amerikanische Psychologen haben festgestellt: Je generativer sich Menschen im mittleren Alter verhalten, desto zufriedener sind sie, desto größer ist ihr Selbstbewusstsein, desto gesünder fühlen sie sich und desto weniger werden sie von depressiven Verstimmungen gequält. Kein Wunder: Denn wer sich generativ verhält, hat das gute Gefühl, etwas weiterzugeben und dadurch Spuren zu hinterlassen. Er weiß, wenn er etwas Bleibendes erschafft und wenn er gebraucht wird, war sein Leben nicht umsonst. Generativität gibt dem Leben einen Sinn.

Wer sich in irgendeiner Weise generativ verhält, der hat mit großer Wahrscheinlichkeit am Ende seines Lebens wenig zu bereuen. Denn er hat die Gewissheit, dass etwas von ihm – sein Wissen, seine Gedanken, seine Einstellung, sein Lachen, seine Taten – in der Erinnerung eines anderen Menschen weiterlebt.

Der Sinn für dieses unser einziges Leben ist also gar nicht so schwer zu finden. Wenn wir aufhören, an den falschen Stellen danach zu suchen, wenn wir erkennen, dass der Sinn des Lebens gar nicht so bombastisch daher kommt, wie wir immer dachten (und wie uns vielleicht auch gerne eingeredet wird von Branchen und Instanzen, die an unserer Sinnsuche nicht schlecht verdienen), dann finden wir sehr viel Sinn ganz in unserer Nähe: in unseren Beziehungen, unserem Tun, unseren Interessen, unseren Ideen, in der Musik, die wir hören, den Büchern, die wir lesen, den Gesprächen, die wir führen, den Menschen, die wir umsorgen. Der Sinn des Lebens ist immer im Nächstliegenden zu suchen.

In dem Film *Blow up*, der in den 70er Jahren Furore machte, gibt es gegen Ende eine Szene, die in ihrer Surrealität eine Antwort auf die Frage nach dem Sinn des Lebens liefert: Der Hauptdarsteller, ein Fotograf, hat eine aufregende, erlebnisreiche Nacht hinter sich. Es ist bereits früher Morgen, und der Mann kommt auf dem Heimweg an einem umzäunten Platz vorbei. Dort spielen zwei Personen Tennis. Jedenfalls sieht es so aus. Sie bewegen sich wie Tennisspieler, aber sie spielen ohne Ball. Verblüfft bleibt der Fotograf stehen und schaut den Spielenden zu. Mit der Zeit glaubt er (und mit ihm der Zuschauer), den nicht vorhandenen Tennisball zu sehen und zu hören. Ganz so, als ob es ein normales Tennisspiel wäre, folgt der Fotograf mit entsprechenden Kopfbewegungen dem Hin und Her des Ballwechsels. Da, plötzlich, schlägt einer der beiden Spieler zu heftig zu – der Ball fliegt über den Zaun, dem einsamen Zuschauer vor die Füße. Die Spieler halten inne, schauen zum Fotografen und erwarten, dass er ihnen den Tennisball zurückwirft. Irritiert zögert er einen Moment, dann bückt er sich, nimmt den Ball und wirft ihn aufs Spielfeld zurück. Das Spiel kann weitergehen.

Gibt es den Ball nun oder gibt es ihn nicht? Eine überflüssige Frage. Wichtig ist, dass das Spiel in Gang kommt und die Spieler Freude daran haben. Ebenso verhält es sich mit dem Sinn des Lebens. Es gibt ihn so lange nicht, wie man nicht anfängt, sein Leben auf die Weise zu leben, wie man es selbst für richtig hält. Dann wird man seinen Sinn entdecken – auch wenn er für andere möglicherweise unsichtbar bleibt.

IX
Damit möglichst jeder Tag ein guter Tag wird

Die Aufforderung „Du hast nur ein Leben. Mach was draus!“ mag bei so manchem zunächst ein Stressgefühl ausgelöst haben. Sie erinnert möglicherweise zu sehr an elterliche Maßregelungen à la „Iss Kind, damit was aus dir wird!“, „Lerne was Ordentliches!“, „Sei erfolgreich!“. Die Aufforderung „Mach was draus!“ hat auch eine gewisse Nähe zum Credo unserer Zeit „Du bist deines Glückes Schmied“, das allerdings immer mehr Menschen unter einen Erfolgsdruck setzt, dem sie kaum mehr standhalten können.

Inzwischen aber wird klar geworden sein, dass ein gelingendes Leben nichts mit materiellem und finanziellem Erfolg, nichts mit Titeln und nichts mit Statussymbolen zu tun hat. Etwas aus seinem Leben machen bedeutet genau das Gegenteil, nämlich die Besinnung auf immaterielle Werte und auf die Stärkung der eigenen seelischen Widerstandsfähigkeit. Etwas aus seinem Leben machen bedeutet, das Leben mit seinen Sonnen-und Schattenseiten zu akzeptieren, in der Gegenwart und nicht in Vergangenheit oder Zukunft zu leben, den Tod als wichtigen Lebensratgeber nicht zu verdrängen und in seinem alltäglichen Tun einen Sinn zu erkennen.

Selbst wenn man all das nun weiß und sich vornimmt, sein Leben bewusster zu leben, kann dieser Vorsatz – wie viele andere gute Vorsätze auch – möglicherweise bald in Vergessenheit geraten. Die Routine des Alltags macht viele gute Gedanken zunichte. Das tägliche Einerlei, die vielen Verpflichtungen und Aufgaben sind eine große Gefahr, das eigene Leben aus den Augen zu verlieren. Die Zeit vergeht, ohne dass man sich die Zeit genommen hätte, sie wahrzunehmen.

Wie kann man vermeiden, dass Tag für Tag, Woche für Woche, Monat für Monat, Jahr für Jahr vergeht, ohne dass man richtig gelebt hätte?

Wie gelingt es, Schritt für Schritt sein Leben bewusster zu gestalten?

Eine gute Möglichkeit besteht darin, sich die Tatsache, dass Gedanken einen enormen Einfluss auf die Gefühle haben, zunutze zu machen. Indem man all den vielen, wie selbstverständlich auf einen einstürmenden Regeln, Aufforderungen und Zumutungen ganz bewusst *eigene* Gedanken wie eine Art Stoppschild entgegenhält, zwingt man sich selbst zum Innehalten. Wirksame Stoppschilder können beispielsweise folgende Merksätze sein, die immer wieder daran erinnern, auf was es im Leben wirklich ankommt. So kann man verhindern, dass die Erkenntnisse, die man gewonnen hat, nicht vom Alltag aufgefressen werden und das Projekt „Leben“ nicht in der Ecke verstaubt.

Merksätze für ein gelingendes Leben

- Die Zukunft kann warten. Das Leben findet jetzt statt.
- Nichts ist wichtiger als das, was du gerade tust. Wenn du putzt, dann putzt du, wenn du telefonierst, dann telefonierst du, wenn du Musik hörst, dann hörst du …
- Jedes Erlebnis, mit dir selbst oder mit anderen, ist mehr wert, als ein noch so kostbares Objekt.
- Nicht an Tage erinnerst du dich, sondern an Augenblicke.
- Ohne andere Menschen bist du nichts.
- Sei nicht so hastig! Genieße den Augenblick.

- Frage dich: Was wäre, wenn ich dieses oder jenes verlöre?
- Je dankbarer du bist, desto mehr Anlass zur Dankbarkeit hast du.
- Vieles verdient es nicht, dass du dich darüber aufregst.
- Mit Grübeln machst du dir das Leben unnötig schwer.
- Nimm dich selbst nicht so wichtig.
- Mute dir nicht zu viel zu.
- Will ich das wirklich?
- Alles, was passiert – auch das Schlimme – ist eine Chance, um daraus zu lernen.
- Frage niemals: Warum ich?
- Du kannst auch ein anderer Mensch sein.
- Lass die Vergangenheit ruhen – dann hast auch du mehr Ruhe.
- Verzeih dir und verzeih anderen – dann kannst du wieder ruhig durchatmen.
- Überdenke deine Prioritäten: Erst kommt der Mensch, dann die Arbeit.
- Riskiere etwas! Du bereust, was du nicht getan hast.
- Schreibe möglichst viele Kapitel deines Lebens selbst.
- Gib jedem Tag die Chance, der schönste deines Lebens zu werden.
- Wenn du nach dem Sinn des Lebens suchst: Tu einfach, was du immer tust. Das ist sinnvoll genug.
- Verlange nicht, dass alles so kommt, wie du es willst.
- Lebe jeden Tag so, als wäre es dein letzter.

Literatur

Alain de Botton: Wie Proust Ihr Leben verändern kann. Frankfurt 1998

Joachim Bauer: Wie wir werden, was wir sind. In: Publik-Forum, Nr. 14, 2003

Joachim Bauer: Das Gedächtnis des Körpers. Wie Beziehungen und Lebensstile unsere Gene steuern. Frankfurt 2002

Ernest Becker: Dynamik des Todes. Die Überwindung der Todesfurcht. München 1981

Frédéric Beigbeder: Windows on the world. München 2004

Gottfried Benn: Sämtliche Gedichte. Stuttgart 1986

Norberto Bobbio: Vom Alter – De senectute. Berlin 1997

Bertold Brecht, Die Gedichte von Bertold Brecht in einem Band. Frankfurt a.M. 2002

Charles S. Carver, Michael F. Scheier: Three Human Strengths. In: Lisa G. Aspinwall, , Ursula M. Staudinger (Ed.): A Psychology of Human Strengths, American Psychological Association 2003

Mihaly Csikszentmihalyi: Lebe gut! Wie Sie das Beste aus Ihrem Leben machen. Stuttgart 1999

Mihaly Csikszentmihalyi: Flow im Beruf. Stuttgart 2004

Martin Doehlemann: Absteiger. Die Kunst des Verlierens. Frankfurt a.M. 1996

Robert A. Emmons, Charles M. Shelton: Gratitude and the Science of Positive Psychology. In: C. R. Snyder, Shane J. Lopez (Ed.), Handbook of Positive Psychology. New York 2002

Frederic F. Flach: Die Kraft, die aus der Krise kommt. Freiburg 2003

Jonathan Franzen: Die Korrekturen. Reinbek 2002

Sigmund Freud: Das Unbehagen in der Kultur. Studienausgabe Band IX. Frankfurt 1982

Erich Fromm: Die Kunst des Liebens. München 2001

Erich Fromm: Authentisch leben. Freiburg 2000

Manfred Geier: Das Glück der Gleichgültigen. Reinbek 1997

James Hillman: Charakter und Bestimmung. München 1998

Carl Gustav Jung: Von Leben und Tod. Einsichten und Weisheiten. Ausgewählt von Franz Alt. Olten 1992

Carl Gustav Jung: Grundwerk in neun Bänden. Olten 1995 (5. Auflage)

Verena Kast: Sich einlassen und loslassen. Freiburg 1994
Tatjana Keiner, Muriel Macé, Erika Theobald: Das autobiografische Gedächtnis: Wir sind, woran wir uns erinnern. In: Psychologie Heute, 3/2000
Gregg Krech: Die Kraft der Dankbarkeit. Die spirituelle Praxis des Naikan im Alltag. Berlin 2003
Odo Marquard: Apologie des Zufälligen. Stuttgart 1986
Odo Marquard: Individuum und Gewaltenteilung. Philosophische Schriften. Stuttgart 2004
Michael E. McCullough, Everett L. Worthington: To Forgive is Human: How to put your Past in the Past. InterVersity Press 1997
Hans Mogel: Geborgenheit. Heidelberg 1995
Susan Nolen-Hoeksema: Women who think too much. New York 2003
Randolph Ochsmann: „Der Tod kann eine Quelle der Kraft sein". In: Psychologie Heute, 6/1996
Elaine Pagels: Versuchung durch Erkenntnis. Die gnostischen Evangelien. Frankfurt 1987
Bertrand Russell: Eroberung des Glücks. Frankfurt a.M. 1977
Harriett Sarnoff Schiff: How did I become my Parent's Parent? Penguin Book 1996
Wilhelm Schmid: Aus dem Gegebenen immer das Schönste machen. In: Psychologie Heute-compact, 8/2003
Wilhelm Schmid: Heiterkeit. Zur Rehabilitierung eines philosophischen Begriffs. In: Detlev Schöttker, a.a.0.
Eric-Emmanual Schmitt: Monsieur Ibrahim und die Blumen des Koran. Zürich 2003
Arthur Schopenhauer: Die Kunst, glücklich zu sein. Dargestellt in fünfzig Lebensregeln von Franco Volpi. München 2000
Detlev Schöttker (Hg.): Philosophie der Freude. Von Freud bis Sloterdijk. Leipzig 2003
Martin Seel: Paradoxien der Erfüllung. Warum das Glück nicht hält, was es verspricht. In: Detlev Schöttker, a. a. O.
Bernhard Sill: Den Tod bedenken um des Lebens willen. In: Psychologie Heute-compact, 8/2003
Richard Sennett: Der flexible Mensch. München 2000
Dorothee Sölle: Gegenwind. Erinnerungen. Hamburg 1995
Reinhard Tausch: Jemanden zum Reden haben. In: Psychologie Heute, 1/1998
Dieter Thomä: Vom Glück und seinen Verrätern. In: Detlev Schöttker, a. a. O.